Vinod Kumar Verma

Explorações abrangentes para redes heterogéneas fiáveis

Vinod Kumar Verma

Explorações abrangentes para redes heterogéneas fiáveis

ScienciaScripts

Imprint

Cover image: www.ingimage.com

This book is a translation from the original published under ISBN 978-3-659-86334-9.

Publisher:
Sciencia Scripts
is a trademark of
Dodo Books Indian Ocean Ltd. and OmniScriptum S.R.L publishing group

120 High Road, East Finchley, London, N2 9ED, United Kingdom
Str. Armeneasca 28/1, office 1, Chisinau MD-2012, Republic of Moldova, Europe
Managing Directors: Ieva Konstantinova, Victoria Ursu
info@omniscriptum.com

Printed at: see last page
ISBN: 978-620-8-39253-6

ÍNDICE DE CONTEÚDOS

DEDICAÇÃO

À minha maravilhosa mãe, ao meu pai, às minhas irmãs, ao meu irmão, à minha mulher e ao meu filho pelo seu amor, orientação e inspiração constantes

RESUMO

O rápido desenvolvimento na área das comunicações através de redes de sensores sem fios atraiu mais a atenção de cientistas e investigadores nos últimos anos. As redes de sensores sem fios provaram ser uma plataforma igualmente valiosa e inovadora para a comunicação sem fios e outras áreas de aplicação. O potencial das redes de sensores sem fios pode ser proporcionalmente utilizado numa vasta área de aplicações, como equipamentos de defesa, monitorização ecológica e de habitats, controlo de processos industriais, domótica, previsão meteorológica, sistema de cuidados de saúde, controlo de tráfego, aplicações civis, etc. Os sensores sem fios são dispositivos de pequenas dimensões equipados com transceptores de rádio e baterias de baixo consumo. As caraterísticas típicas de um nó sensor incluem potência, armazenamento e hardware de capacidade computacional de baixo custo. Uma rede de sensores sem fios destina-se a detetar, recolher, processar e transmitir informações específicas sobre eventos, a fim de realizar uma tarefa num domínio distribuído. Além disso, as redes de sensores sem fios são o tipo de redes em que o resultado é totalmente baseado na cooperação dos nós sensores. Uma rede de sensores sem fios é constituída por um grupo de sensores ou nós ligados através de um mecanismo de ligação para realizar uma tarefa de deteção distribuída. As redes de sensores sem fios podem ser implantadas em condições difíceis do ponto de vista da implantação física. Por conseguinte, este livro estabelece as investigações sobre protocolos de encaminhamento eficientes do ponto de vista energético e a melhoria do sistema global de redes de sensores sem fios. A maioria dos resultados da investigação deste livro foi associada a várias revistas internacionais de referência e a actas de conferências, conforme a lista de referências no final do livro.

AGRADECIMENTOS

Gostaria de aproveitar esta oportunidade para expressar a minha gratidão a todos aqueles que me deram conselhos, ajuda e apoio ao longo do meu trabalho. É com orgulho que tenho o privilégio de reconhecer, com respeito e profundo sentido de gratidão, as orientações mais valiosas e sempre disponíveis que me deram.

Entre a lista, em primeiro lugar, agradeço a Deus todo-poderoso por me ter dado a força necessária para concluir este trabalho.

Estou extremamente grato aos revisores de várias revistas que examinaram criticamente os meus manuscritos/trabalhos. As suas sugestões e comentários ajudaram-me realmente a dar a esta tese a forma atual.

Quero agradecer aos meus pais, às minhas irmãs, aos meus cunhados e ao meu irmão por me terem inspirado e encorajado continuamente durante este trabalho. Quero expressar a minha gratidão à minha mulher e ao meu filho pelo seu amor, apoio, paciência e encorajamento durante todo o tempo difícil que passámos juntos.

Por último, gostaria de dedicar este trabalho ao meu Pai e à minha Mãe que sempre me abençoaram pelo meu trabalho.

Dr. Vinod Kumar Verma

CAPÍTULO 1 INTRODUÇÃO

1.1 Redes sem fios heterogéneas

O aspeto da segurança tornou-se o domínio de investigação contemporâneo das redes de sensores sem fios e ganhou mais atenção por parte dos cientistas e investigadores para avançar. Normalmente, as redes de sensores sem fios são implantadas num ambiente aberto, onde a probabilidade de um adversário é sempre maior do que num ambiente fechado. Existem numerosas propostas para detetar um nó adversário nas redes de sensores sem fios. Os meios tradicionais de proteção de uma rede incluem técnicas e metodologias específicas de criptografia. A disponibilidade de soluções criptográficas resolve problemas como a autenticação, a autorização, a confidencialidade e a integridade, mas os requisitos das redes de sensores sem fios são mais diversos do que as políticas de segurança tradicionais. Os cálculos complexos nas estratégias de criptografia tornam-se os seus principais inconvenientes e fazem com que estas políticas não sejam adequadas para serem implantadas em redes de sensores sem fios, que apresentam graves limitações de energia. Alguns mecanismos criptográficos leves estão disponíveis na literatura, mas não servem o objetivo de forma abrangente. Os modelos de confiança e reputação são a solução para o problema em causa, a fim de garantir a fiabilidade das redes de sensores sem fios. Por conseguinte, a investigação sobre modelos de confiança e reputação ganhou um impulso considerável nos últimos anos. No passado, foram propostos muitos modelos de confiança e reputação. Alguns deles centraram-se no encaminhamento seguro, na agregação de dados, na seleção de cabeças de agrupamento e na gestão sincronizada da confiança, mas continua a ser necessário abordar várias questões como a colusão, a escalabilidade, a mobilidade e a computabilidade nas redes de sensores sem fios. Este livro centra-se principalmente em investigações rigorosas sobre protocolos de encaminhamento, modelos de energia, aspectos de segurança e melhorias gerais no quadro das redes de sensores sem fios. Os modelos de bateria têm atraído muita atenção nas avaliações das redes de sensores sem fios. Há uma forte influência de vários modelos de bateria em diferentes protocolos de encaminhamento em redes de sensores sem fios. É implementado um modelo analítico para analisar as principais métricas de desempenho, como o jitter médio, o primeiro e o último pacote recebido, o total de bytes recebidos, o atraso de ponta a ponta, a taxa de transferência e o consumo de energia. O comportamento do protocolo é diferente para os modelos de bateria linear e de estimador de vida útil. É abordada a questão da escalabilidade do protocolo AODV em redes de sensores sem fios. Um modelo universal para o sistema de rede de sensores sem fios é desenvolvido e incorporado no critério de escalabilidade. A importância da escalabilidade no comportamento do desempenho da aplicação, do MAC, do transporte e da camada física é avaliada no domínio das redes de sensores sem fios. Observa-se que os modelos de energia afectam gravemente o desempenho do protocolo de encaminhamento. A influência dos modelos de energia genérico, mica-mote e micaZ é investigada para o protocolo de encaminhamento dinâmico da fonte (DSR) em redes de sensores sem fios. Outra área importante do ponto de vista da segurança são os modelos de confiança e reputação nas redes de sensores sem fios. É avaliado o impacto de servidores maliciosos em diferentes modelos de confiança e reputação em redes de sensores sem fios. A análise mostra avaliações críticas dos modelos BTRM-WSN, Eigen trust, peer trust, power trust, LFTM trust e reputação no domínio das RSSF. Além disso, o impacto dos servidores maliciosos, da orientação dos nós sensores e da colisão também é destacado. As estratégias de distribuição dos nós sensores afectam igualmente o comportamento do protocolo de encaminhamento de disseminação de dados. Os protocolos de encaminhamento de inundação e de coscuvilhice para redes de sensores sem fios apresentam uma enorme mudança nos seus parâmetros de desempenho quando avaliados em relação à estratégia de distribuição do gerador aleatório Delphi. Além disso, é descrita uma estimativa abrangente, baseada em eventos, das estratégias de distribuição dos nós sensores utilizando o protocolo clássico de encaminhamento por inundação em redes de sensores sem fios. É identificada uma nova representação para a distribuição do qui-quadrado quando os protocolos subjacentes de disseminação de dados correlacionados têm forte influência nas redes de sensores sem fios. A avaliação centra-se em duas questões principais, nomeadamente: grau de liberdade (DOF) e escalabilidade para obter a resultante conjunta. Além disso, são avaliadas as restrições temporais como a contagem de sentidos, a contagem de transmissão e as matrizes de contagem redundante de receção para operações de nós sensores. A conclusão revelou que a distribuição de Chi para redes de sensores sem fios parece intratável com o grau de liberdade e a escalabilidade no quadro da rede de sensores sem fios implementada.

1.2 Estrutura do livro

Este livro está organizado em 6 capítulos. O Capítulo 1 apresenta uma visão geral de todo o trabalho de investigação de uma forma breve.

O Capítulo 2 apresenta uma visão modular de cinco protocolos de encaminhamento principais em condições de terreno. O trabalho inclui paradigmas de protocolos de encaminhamento comuns e a sua adequação em redes de sensores sem fios. O objetivo é fornecer os antecedentes necessários para uma compreensão geral das questões discutidas em capítulos posteriores. Além disso, o Capítulo 2 apresenta um esboço geral das capacidades dos modelos de baterias lineares e de estimadores de vida útil. Culmina com a descrição de uma primeira iniciação utilizada como base de comparação entre os modelos acima referidos. Neste capítulo, a atenção centra-se nos protocolos de encaminhamento estático, de vetor de distância e a pedido das redes de sensores sem fios sobre modelos de baterias lineares e de estimadores de vida útil. Para um desempenho ótimo das redes de sensores sem fios, é necessário abordar questões difíceis como o consumo de energia, o encaminhamento da rede, a localização, a cobertura e o ambiente físico. Para atingir o objetivo de desempenho do sistema de rede de sensores sem fios, são necessários nós de baixa potência e pouco dispendiosos. A modelação analítica das RSSF e a previsão do desempenho real são extremamente importantes. Este capítulo dá ênfase às estimativas do protocolo de encaminhamento da rede com o modelo de bateria para obter os melhores resultados.

O Capítulo 3 apresenta um trabalho preliminar para resolver o problema da escalabilidade do protocolo AODV (Ad hoc on demand distance vetor) em redes de sensores sem fios. Além disso, inclui-se a influência da escalabilidade no comportamento do desempenho da aplicação, do MAC, do transporte e da camada física. Esta questão de conceção desempenha um papel fundamental na exposição das capacidades de todo o sistema RSSF. A cobertura mais alargada das redes de sensores sem fios abriu uma nova vertente de investigação no domínio das aplicações de computação distribuída. Para otimizar o desempenho de um sistema de rede de sensores sem fios, é necessário abordar questões complexas como a escalabilidade, o problema da cobertura, a localização, o consumo de energia e o ambiente físico, etc. Para um ambiente sem fios e móvel, há uma grande necessidade de nós sensores económicos e de baixa potência. A modelação analítica das RSSF e a previsão do seu desempenho efetivo são extremamente difíceis. A realização de estudos em bancos de ensaio para obter o comportamento real das RSSF exige um enorme esforço. No futuro, muitas aplicações de RSSF em tempo real funcionarão em paralelo, uma vez que um dos esforços já foi explorado no mesmo domínio. Além disso, o Capítulo 3 aborda os modelos de energia que devem ser tratados por uma plataforma de rede de sensores sem fios. Foi acrescentada a descrição para explorar o efeito dos modelos de energia genéricos, mica-mote e micaZ nas redes de sensores sem fios. A plataforma Mica tem sido utilizada com êxito em centenas de implementações de redes de sensores no mundo real. São descritos três modelos de energia - genérico, mica-mote e micaZ. O modelo de energia genérico utiliza placas de mote genéricas que constituem quatro tomadas de áudio mono. Estas tomadas permitem a ligação a um conversor analógico-digital e a alimentação de um sensor. A saída digital pode ser obtida alterando duas das portas do conversor analógico-digital (ADC). Como a placa do mote não é um plug and play, os pinos de alimentação e de sinal têm de ser ajustados em conformidade. O modelo de energia Mica-mote utiliza o módulo mica-mote, *ou seja,* MOT300, um produto da Crossbow Corporation. O Mica-mote é um módulo pequeno e de baixo consumo de energia utilizado pelos investigadores para o desenvolvimento de redes de sensores sem fios e foi inventado pelo grupo de investigação da Universidade da Califórnia em Berkeley. Este capítulo apresenta uma nova forma de realizar o consumo de energia numa rede de sensores sem fios.

O capítulo 4 trata das redes de sensores sem fios melhoradas que incorporam modelos de confiança e reputação. Os modelos de confiança e de reputação nas redes de sensores sem fios têm atraído uma maior atenção da comunidade mundial. A confiança pode ser referida como um nível específico de probabilidade com que um determinado nó executará uma ação, tanto antes de poder monitorizar a sua capacidade como num domínio em que afecta a sua própria função. A reputação pode ser definida como uma expetativa sobre o comportamento de um nó com base nas suas informações actuais ou observações passadas. Os nós fiáveis só podem ser identificados através de modelos de confiança e reputação. Muitos investigadores propuseram modelos de confiança e reputação para garantir um nível específico de segurança e exatidão. No entanto, há uma necessidade premente de dar mais ênfase a este domínio para aumentar a área de cobertura dos modelos de confiança e reputação nas aplicações das redes de sensores sem fios. Este capítulo trata de cinco modelos de confiança e reputação, nomeadamente O impacto de diferentes modos de redes de sensores sem fios pode ser avaliado em termos de exatidão, comprimento do caminho e consumo de energia nestes modelos.

O Capítulo 5 apresenta e analisa os protocolos de difusão de dados por inundação e de coscuvilhice com a estratégia de distribuição do gerador aleatório Delphi para redes de sensores sem fios altamente densas. Neste capítulo, o foco está nos protocolos de roteamento de disseminação de dados e de fofoca para redes de sensores sem fio em relação a métricas de desempenho como contagem de sentido, contagem de transmissão, contagem de receção e contagem de receção redundante. Além disso, o Capítulo 5 apresenta uma panorâmica e uma análise de oito estratégias de distribuição de nós sensores na demonstração de redes de sensores sem fios. As estratégias de distribuição dos nós sensores afectam gravemente o desempenho da comunicação específica do evento nas redes de sensores sem fios. Neste capítulo, a descrição centra-se em oito distribuições de redes de sensores, nomeadamente: normal, gama, exponencial, beta, Gaussiana inversa generalizada, Poisson, Cauchy e Weibull. Além disso, estas estratégias podem ser avaliadas em relação a operações baseadas nas métricas de contagem de sentidos, contagem de transmissão e contagem de receção redundante. Além disso, as estratégias de distribuição de nós sensores apresentadas demonstram a flexibilidade e validam a plataforma. Além disso, o Capítulo 5 fornece uma nova representação para a distribuição qui-quadrado sobre o protocolo subjacente de disseminação de dados correlacionados. Este capítulo inclui um resumo dos esforços de investigação que foram colocados no topo do sistema para avaliar o impacto do grau de liberdade (DOF) no que respeita à escalabilidade das redes de sensores sem fios. Neste capítulo, foi descrita uma nova abordagem para a distribuição qui-quadrada, quando o protocolo subjacente de disseminação de dados correlacionados tem uma forte influência nas redes de sensores sem fios sobre o grau de liberdade (DOF) no que respeita à escalabilidade para obter a resultante conjunta. Além disso, são também avaliadas as operações dos nós sensores de contagem de sentidos, contagem de transmissão e contagem de receção redundante. Por fim, a distribuição de Chi para nós sensores sem fios parece intratável com o DOF quando variado com o número específico de nós no cenário.

Finalmente, o Capítulo 6 resume o livro e conclui com uma previsão das tendências tecnológicas futuras.

CAPÍTULO 2 PROTOCOLOS DE ENCAMINHAMENTO

2.1 Introdução

Neste capítulo, a atenção centra-se em protocolos de encaminhamento estáticos, baseados em vectores de distância e a pedido de redes de sensores sem fios sobre modelos de baterias lineares e de estimadores de vida útil. O impacto de diferentes protocolos de encaminhamento de redes de sensores sem fios foi avaliado em termos de jitter médio, primeiro e último pacotes recebidos, total de bytes recebidos, atraso médio de extremo a extremo, débito e consumo de energia. Para otimizar o desempenho das redes de sensores sem fios, é necessário abordar questões complexas como o consumo de energia, o encaminhamento da rede, a localização, a cobertura e o ambiente físico. Para atingir o objetivo de desempenho do sistema de redes de sensores sem fios, são necessários nós de baixa potência e pouco dispendiosos. A modelação analítica e a previsão do desempenho real das RSSF são extremamente importantes. Este capítulo centra-se nas estimativas do protocolo de encaminhamento da rede com dois modelos de bateria, a fim de obter os melhores resultados para o cenário proposto.

2.2 Protocolo de encaminhamento Bellman-Ford - Protocolo estático

Este protocolo baseia-se no algoritmo de Bellman-Ford, também designado por algoritmo de Bellman-Ford Moore. Calcula uma árvore do caminho mais curto (SPT) e calcula o caminho mínimo para todos os vértices de um digrafo ponderado [Richard, 1958] através de um único vértice de origem de cada encaminhador para outros encaminhadores numa área de encaminhamento. Em contraste com o algoritmo de Dijkstra, é mais lento mas mais versátil, uma vez que lida com os pesos negativos das arestas. Para muitas aplicações, precisamos de grafos com ciclos negativos, pelo que se torna útil [Ford *et al.*, 1962]. No caso de grafos com ciclos negativos, a deteção precoce é possível através do algoritmo de BellmanFord, mas a correção não é possível para o mesmo [Moore *et al.*, 1959; Robert *et al.*, 2006]. Para a implementação da lista em que os nós se baseiam no princípio do "primeiro a chegar, primeiro a ser servido", o algoritmo de Bellman-Ford é certamente vantajoso. Cheng *et al.* [1989] analisaram o algoritmo de Bellman-Ford na sua versão alargada sem efeito de ricochete. Uma avaliação de uma rede de sensores sem fios com o protocolo Bellman-Ford sem laços foi relatada por Baharloo *et al.* [2009].

2.3 Protocolo de Informação de Roteamento - Baseado no Vetor de Distância

Um protocolo muito utilizado nas redes sem fios é o protocolo de informação de encaminhamento (RIP), que é adequado tanto para a área local como para a área alargada. É semelhante ao protocolo OSPF (open shortest path first). Pode ser classificado como um protocolo de gateway interior (IGP) que utiliza um algoritmo de encaminhamento por vetor de distância. Hedrick [1988] propôs a fase inicial deste protocolo em 1988, que foi posteriormente aperfeiçoada por Malkin [1997]. Técnicas avançadas como o OSPF e o protocolo OSI IS-IS têm sido suportadas pelo protocolo de informação de encaminhamento, tal como referido na referência [Malkin, 1998]. No que diz respeito aos méritos do RIP, este é facilmente configurável, suporta o equilíbrio de carga e não apresenta lacunas. Pelo contrário, o RIP pode medir um máximo de quinze saltos e apresenta um desempenho mais lento quando utilizado em redes de muito grande dimensão [Ghaleb *et al.*, 2011].

2.4 Protocolo de encaminhamento de fontes dinâmicas - baseado na procura

O protocolo Dynamic source routing (DSR) é um protocolo de encaminhamento a pedido especificamente concebido para as redes sem fios multi-hop [David, 1994]. A principal diferença entre este protocolo e outros protocolos de encaminhamento a pedido é o facto de não necessitar de sinalizações periódicas. O protocolo DSR oferece muitas caraterísticas, como a auto-configurabilidade e a auto-adaptabilidade, que o tornam eficiente em termos de rede [Johnson *et al.*, 1996]. O protocolo DSR permite a descoberta dinâmica do nó de origem e do nó de destino na rede. Constitui listas ordenadas de nós que contêm toda a informação sobre o ciclo de vida dos pacotes de dados, como a fase inicial, a fase intermédia e a fase final. Do ponto de vista da funcionalidade, o DSR contém dois mecanismos, nomeadamente a descoberta de rotas e a manutenção de rotas. No primeiro mecanismo, um nó que pretenda enviar um pacote para um determinado nó obtém uma rota de origem desse nó e a rota só será descoberta se ainda não existir. No segundo mecanismo, um nó detecta a rota com a rota descoberta anteriormente, que está sujeita à inclusão de alterações na topologia da rede. O mecanismo de manutenção da rota só é necessário em caso de interrupção da transmissão de pacotes entre os nós. O mecanismo de manutenção de rotas e o mecanismo de descoberta de rotas são específicos da procura na sua natureza, *ou* seja, do tipo a pedido. Em comparação com outros protocolos, o DSR não requer pacotes periódicos nem anúncios periódicos de encaminhamento, como o estado da ligação ou a deteção de pacotes vizinhos [Broch *et al.*, 1999]. Estas propriedades reduzem a sobrecarga de pacotes a um valor mínimo para os nós estacionários. Quando os nós são móveis, a sobrecarga de pacotes de encaminhamento é escalada automaticamente para o número necessário de trajectos, conforme necessário. Isto permite que o protocolo de encaminhamento se comporte adequadamente em ambas as condições, quer os nós sejam estáticos ou dinâmicos.

2.5 Protocolo de encaminhamento Ad Hoc on Demand Distance Vetor

O protocolo de encaminhamento AODV estende basicamente o conceito do algoritmo de vetor de distância de Bellman-Ford de uma forma relativa. O protocolo de encaminhamento AODV foi especificamente concebido para redes sem fios altamente dinâmicas [Perkins *et al.*, 1994; Perkins *et al.*, 2003; Sklyarenko, 2006]. Mas a mudança imprevisível da topologia das redes de sensores sem fios devido à falha de nós torna-as redes dinâmicas virtuais. Assim, os protocolos de encaminhamento reactivos representam uma escolha adequada para aplicações de RSSF orientadas por eventos ou por dados periódicos, especialmente. Sendo um protocolo do tipo reativo, as rotas são criadas apenas quando necessário. O protocolo de encaminhamento AODV armazena uma entrada por tabela e um número de sequência, à semelhança da abordagem tradicional de encaminhamento, para manter actualizadas as informações de encaminhamento. O AODV assegura um encaminhamento sem lacunas nas diferentes situações. Este protocolo mantém a informação sobre o estado de cada nó com base no tempo, de modo que qualquer nó que não tenha sido utilizado recentemente deve ser tratado como nó morto. O protocolo de encaminhamento AODV constitui o conceito tradicional de tabela de encaminhamento. Esta armazena parâmetros como a informação de encaminhamento, o endereço do próximo salto, um número de sequência e a utilização dos nós. Isto deve-se ao facto de o nó manter um período de tempo específico após o qual a sua entrada deve ser descartada [Chearon *et al.*, 2010]. Em caso de falha no link, o nó vizinho deve ser notificado sobre isso.

No AODV, o encaminhamento pode ser determinado por dois ciclos: consulta e resposta. Este protocolo utiliza quatro mensagens de controlo, nomeadamente: Routing request message (RREQ), Routing reply message (RREP), Routing error message (RERR) e HELLO message. Durante a execução, primeiro um nó transmite uma mensagem RREQ a outro nó, após o que a mensagem RREP é recebida de forma unicast. Além disso, em caso de falha de ligação, é transmitida uma mensagem de erro RERR aos nós vizinhos [Sundararajan *et al.*, 2010]. A mensagem HELLO é utilizada para avaliar e detetar as ligações entre os vários nós.

2.6 Protocolo dinâmico baseado na procura

Um dos protocolos de encaminhamento simples e rápidos para redes multi-hop é o protocolo de encaminhamento dinâmico de redes ad-hoc móveis a pedido (DYMO) [Chakeres *et al.*, 2007; Chakeres *et al.*, 2010; Raghuvanshi *et al.* 2010]. Descobre as rotas a pedido e oferece uma cobertura melhorada para topologias dinâmicas nas redes sem fios. À semelhança do AODV, a fonte envia um pacote de dados com uma mensagem RREQ para descobrir a rota. O encaminhador DYMO espera por uma rota após a emissão da mensagem RREQ. Se, durante o período de espera, a rota não for obtida, pode emitir outro RREQ. Utiliza um mecanismo de retrocesso exponencial para reduzir o congestionamento na rede. Os pacotes de dados que ainda têm de ser encaminhados são colocados numa memória intermédia de acordo com o tamanho predefinido, enquanto os pacotes mais antigos são eliminados em conformidade. Uma mensagem RERR é emitida se um pacote de dados não puder ser entregue ao destino devido à falta de rota. Em cada encaminhador DYMO, é mantida pouca informação de estado, como a fonte e o destino activos, porque os dispositivos aplicáveis, como as RSSF, têm limitações de memória. As secções seguintes resumem a breve descrição dos modelos de bateria utilizados para a avaliação da RSSF proposta.

2.7 Modelo de bateria linear

Este modelo utiliza a técnica de contagem de coulomb como base de funcionamento. A técnica de contagem coulombiana acumula [Rakhmatov *et al.*, 2003; Pedram *et al.*, 2002; QualNet 4.5.1 Wireless Model Library, 2008] os coulombs dissipados desde o início do ciclo de descarga. Estima a capacidade remanescente medindo a diferença entre o valor acumulado e uma capacidade de carga completa pré-registada. Em condições de carga variável, este método pode perder precisão, uma vez que ignora o efeito de descarga não linear. A bateria é descarregada de forma linear em função da carga de corrente de descarga.

2.8 Modelo de bateria do estimador de vida útil

Este modelo de bateria usa uma abordagem modular [Rakhmatov *et al.*, 2003; Pedram *et al.*, 2002; QualNet 4.5.1 Wireless Model Library, 2008] e pode estimar o tempo de vida de um nó operado por bateria com carga variável no tempo para um cenário orientado a eventos. No lado subjacente, este modelo de bateria utiliza a metodologia de componentes fortemente acoplados, tal como sugerido por Sarma e Rakhmotav [2003]. Para a avaliação, o modelo de Rakhmotav continua a ser o modelo mais exato do que os outros modelos, utilizando equações diferenciais parciais. Para efeitos de estimativa, é possível utilizar as seguintes equações (2.1) a (2.3) sob carga constante [Pedram *et al.*, 2002]:

$$\alpha \approx I\left[L + 2\sum_{m=1}^{10} \frac{1-e^{-\beta^2 m^2 L}}{\beta^2 m^2}\right] \qquad (2.1)$$

Onde L representa o tempo de vida, m reflecte os tempos de vida observados e representa parâmetros específicos do objetivo. A tensão da bateria varia com o tempo desde o valor de circuito aberto (V_{open}) até um determinado valor de corte (V_{cutoff}) para uma determinada carga. O tempo de vida observado indica que a tensão da bateria atinge V_{cutoff} e o tempo previsto indica o tempo para o qual a equação (2.1) se mantém para um determinado conjunto de cargas constantes que correspondem aos tempos de vida observados. Para atingir o objetivo de fazer coincidir o tempo de vida previsto com o tempo de vida observado, é difícil, tal como para a equação (2.1). Outra forma é ajustar o valor da carga para um determinado conjunto de tempos de vida observados. Assumindo que *I* ^(*k*) é o valor ajustado para *I (k)* e de acordo com a referência [Rakhmatov *et al.*, 2003]

$$I^\wedge(k) \approx \frac{\alpha}{\left[L(k)+2\sum_{m=1}^{10}\frac{1-e^{-\beta^2 m^2 L}}{\beta^2 m^2}\right]} \qquad (2.2)$$

É possível utilizar um método de estimação dos mínimos quadrados para encontrar correspondências *I(k)* tão próximas quanto possível para todos. A seleção deve ser feita de acordo com os seguintes parâmetros do modelo.

$$\left|\sum_{k=1}^{M} I^\wedge(k) - I(k)\right| \qquad (2.3)$$

é minimizado.

2.9 Resumo

Este capítulo discutiu os cinco protocolos de encaminhamento de RSSF e os dois modelos de bateria existentes na literatura e explorou-os em pormenor. O resumo indica o estado atual da arte destes modelos. Além disso, os aspectos específicos da qualidade dos serviços, como o jitter médio, a entrega de pacotes, a taxa de transferência, o atraso de ponta a ponta e o consumo de energia, foram associados aos diferentes protocolos de encaminhamento. Finalmente, foram incorporados protocolos de encaminhamento com modelos de bateria, nomeadamente: estimador de vida útil e modelo linear para redes de sensores sem fios.

CAPÍTULO 3 MODELOS DE ESCALABILIDADE E ENERGIA

3.1 Introdução

A cobertura alargada das redes de sensores sem fios abriu uma nova vertente de investigação no domínio das aplicações de computação distribuída. Para otimizar o desempenho de um sistema de rede de sensores sem fios, é necessário abordar questões como a escalabilidade, o problema da cobertura, a localização, o consumo de energia e o ambiente físico [Chee *et al.*, 2003]. Para ambientes móveis e sem fios, há uma grande necessidade de nós sensores económicos e de baixa potência [Akyildiz *et al.*, 2002; Tubaishat *et al.*, 2003]. A modelação analítica das RSSF e a previsão do seu desempenho real são extremamente difíceis. A análise da implantação de um banco de ensaio é necessária para obter o comportamento real da RSSF. No futuro, espera-se que haja muitas aplicações de RSSF em tempo real, uma vez que um dos esforços já foi explorado no mesmo domínio [Szewczyk *et al.*, 2004]. Uma revisão listou as redes de sensores como "Top ten technologies that will change the world" [MIT technology, 2003]. As redes de sensores sem fios abrangem uma vasta gama de aplicações [Yee *et al.*, 2003], como a monitorização ecológica de habitats, a vigilância militar e de alvos, a monitorização estrutural e sísmica, aplicações industriais e muitas outras. Com um potencial tão grande das redes de sensores sem fios, não deixa de ser surpreendente que apenas um número limitado de aplicações esteja a beneficiar desta tecnologia. Moore *et al.* [1965] dão ênfase a nós mais pequenos, económicos e eficientes do ponto de vista energético, em vez de aumentarem a memória disponível ou a velocidade da CPU. Passou mais de uma década após o desenvolvimento do pó inteligente [Kahn *et al*, 1999], mas continua a ser necessário abordar os critérios de consumo de energia nos nós sensores sem fios. Dado que as restrições de energia desempenham um papel vital na determinação do desempenho das redes de sensores sem fios, é necessário um estudo aprofundado para medir o consumo de energia. Hadjilal *et al.* [2011] apresentaram a abordagem do consumo de energia com base na medição granular fina. Esta abordagem cria estatísticas de procura da energia de cada nó da rede. Szewczyk *et al.* [2004] apresentaram a viabilidade do consumo de energia e o padrão de carga de energia nas redes sem fios. Park *et al.* [2005] propuseram um novo módulo de deteção de luz para motes de mica em redes de sensores sem fios. Este novo módulo melhorou significativamente a relação sinal/ruído devido à adoção de fotossensores topo de gama, circuitos de amplificação e conversão acoplados. Os principais desafios para o desempenho das redes de sensores sem fios consistem em prolongar o tempo de vida da rede e ter em conta os critérios de mobilidade dos nós no ambiente especificado. Dois protocolos energeticamente eficientes, nomeadamente o protocolo assíncrono de controlo do acesso aos meios de comunicação e o protocolo assíncrono de controlo do acesso aos meios de comunicação baseado em programação, foram propostos por Bai *et al.* [2006]. Uma abordagem distribuída e adaptativa do processamento de sinais para reduzir o consumo de energia em redes de sensores apresentada por Chou *et al.* [2003]. Jayaweera *et al* [2004] propuseram uma nova abordagem sobre uma arquitetura de comunicação virtual de entradas e saídas múltiplas eficiente em termos energéticos para redes de sensores sem fios distribuídas. Um modelo genérico para a energia foi sugerido por Tremley *et al.* [2007] para a simulação dinâmica de um veículo elétrico híbrido. Neste modelo, a utilização de energia é analisada através do estado de carga da bateria como variável de estado, de modo a evitar qualquer problema de ciclo algébrico. Jain *et al.* [2010] propõe um modelo genérico de consumo de energia que se baseia no estado de energia dos nós da rede. Os estados de energia como on/off/sleep para o consumo de energia por bit foram incluídos para medir com precisão o consumo de energia associado a cada nó. Dhawan *et al.* [2011] relataram uma nova abordagem para o trabalho de monitorização em tempo real de eventos acústicos. A combinação de motes micaZ e redes escaláveis garante a fiabilidade, o baixo consumo de energia e uma taxa de transmissão de dados mais elevada nas redes de sensores sem fios. Espera-se que a próxima geração de inovadores informáticos se concentre na forma de programar e desenvolver aplicações utilizando redes de sensores sem fios. Os recentes avanços neste tipo de tecnologias permitem-nos avançar para um futuro em que o âmbito das redes de sensores sem fios pode ser alargado a um nível significativo.

3.2 Critério de conceção da escalabilidade

A escalabilidade é uma preocupação fundamental nas redes de sensores sem fios porque pode ser considerada como a principal medida de desempenho das redes de sensores. Em termos gerais, a escalabilidade pode ser referida como a capacidade do sistema para efetuar um trabalho útil com o aumento do tamanho do sistema, *ou seja, da* carga da rede. Por exemplo, o desempenho de uma rede é afetado por aumentos com o aumento do número de nós. Além disso, o desempenho de um protocolo de encaminhamento é influenciado pelo aumento do tamanho da rede [Tubaishat *et al.*, 2003; Lee *et al.*, 1998]. Estes problemas em tempo real mostram a importância efectiva da escalabilidade nas redes de sensores sem fios. A escalabilidade é um dos principais problemas de conceção das redes de sensores sem fios porque especifica a capacidade do sistema para acomodar nós adicionais até um determinado limiar sem reestruturar todo o sistema [Bondi, 2000]. A escalabilidade desempenha um papel significativo especificamente para as RSSF de grande escala, em que os nós trabalham em sinergia uns com os outros para realizar uma tarefa comum. Uma rede de sensores sem fios pode ser escalável de duas formas, nomeadamente: (i) escalabilidade geográfica (ii) escalabilidade da carga da rede. No caso da redimensionabilidade geográfica, a utilização depende dos parâmetros do sistema, como o alcance, a potência, etc. Por outro lado, no caso da redistribuição da carga da rede, a facilidade de utilização depende do aumento do número de nós do sistema de rede em causa. Do ponto de vista do hardware, a escalabilidade envolve a sensibilidade e o alcance do sensor, a largura de banda da comunicação por rádio e o consumo de energia. A perspetiva do software inclui a gestão dos dados, a transmissão e os algoritmos utilizados para a escalabilidade da rede [Zhong *et al.*, 2008]. Um grande volume de nós aumenta a complexidade do modelo de programação e a complexidade da gestão dos dados. Por conseguinte, é necessário lidar cuidadosamente com questões como a escalabilidade para satisfazer os requisitos de desempenho da aplicação da RSSF [Alazzawi *et al.*, 2008]. Alguns dos esforços para resolver os problemas de escalabilidade já foram apresentados na literatura. Alazzawi *et al.* [2008] avaliaram três protocolos de encaminhamento, nomeadamente o protocolo de inundação, o protocolo de *encaminhamento de vectores de balizas* (BVR) e o protocolo *de encaminhamento* geográfico passivo (PGR), para a questão da escalabilidade em redes de sensores sem fios. Chalak *et al.* [2006] apresentaram uma comparação de desempenho entre o protocolo de recursos de rádio (RR), o protocolo de encaminhamento por fluxo (SER) e os protocolos de sensores para informação através de negociação (SPIN). Uma nova abordagem para RSSF foi proposta e comparada com o protocolo GPSR (greedy perimeter stateless routing) e o protocolo de inundação [Soyturk *et al.*, 2006]. Lukachan *et al.* [2006] avaliaram o protocolo SELAR (scalable and energy efficient routing for large scale) para redes de sensores sem fios em contraste com o protocolo LEACH (low energy adaptive clustering hierarchy) para avaliação da escalabilidade. Um estudo comparativo dos protocolos de encaminhamento de redes de sensores sem fios relativamente à escalabilidade foi ilustrado por Hadjila *et al.* [2011]. Este capítulo centra-se na questão da escalabilidade da carga da rede de sensores sem fios sobre o protocolo de encaminhamento AODV.

3.3 Visão geral dos modelos energéticos

Esta secção explora o efeito de diferentes modelos de energia nas redes de sensores sem fios. Esta secção descreve três modelos de energia - genérico, mica-mote e micaZ. O modelo de energia genérico utiliza placas mote genéricas [William, 1965] que constituem quatro tomadas de áudio mono. Estas tomadas permitem a ligação a um conversor analógico-digital e a alimentação de um sensor. A saída digital pode ser obtida alterando duas das portas ADC. Como a placa do mote não é um plug and play, os pinos de alimentação e de sinal têm de ser ajustados em conformidade. O modelo de energia do mica-mote utiliza o módulo mica-mote*, ou seja,* MOT 300, um produto da empresa Crossbow [Crossbow Technology, 1995]. O mica-mote é um módulo pequeno e de baixo consumo de energia utilizado pelos investigadores para o desenvolvimento de redes de sensores sem fios. O mica-mote foi inventado pelo grupo de investigação da UC Berkeley [Crossbow Technology, 1995]. Este mote é constituído por um processador ATmega 103L, um processador de rádio de 916 MHz, placas de sensores de encaixe, um sistema operativo de software distribuído TinyOS e um conjunto de pilhas AA (2). O módulo MPR300CA é baseado no Atmel

ATmega103L. Trata-se de um microcontrolador de baixo consumo que utiliza a memória flash interna para a execução do TOS. As especificações são: (i) a estação de base permite a agregação de dados da rede de sensores num PC ou noutra plataforma informática; (ii) qualquer módulo de nó sensor pode funcionar como estação de base, bastando ligar o processador/rádio a uma placa de interface mote. As especificações do modelo energético MicaZ [Memsic, 2000] são as seguintes: (i) sistema de medição sem fios IEEE 802.15.4, minúsculo, concebido especificamente para redes de sensores profundamente integradas; (ii) rádio de 250 kbps de elevado débito de dados; (iii) banda ISM globalmente compatível de 2,4 a 2,8 GHz; (iv) comunicações sem fios com cada nó como capacidade de encaminhador; (v) conetor de expansão para luz, temperatura, HR, pressão barométrica, aceleração/sísmica, acústica, magnética e outras placas de sensores Crossbow. Feeney *et al.* [2002] propuseram a equação linear (3.1) para o consumo de energia (E) nestes modelos energéticos.

$$E = m \times size + b \qquad (3.1)$$

Aqui *m* denota um componente incremental e proporcional ao tamanho do pacote e um componente fixo associado à sobrecarga de aquisição de canal *b*. Para outras aplicações diferentes, coeficientes específicos como *m* e *b* podem ser encontrados de forma mais particular. Com base na equação linear acima, a energia necessária para as operações de envio e receção é dada nas equações (3.2) e (3.3), como se mostra a seguir:

$$E_{(send)} = m_{send} \times size + b_{send} \qquad (3.2)$$

$$E_{(receive)} = m_{receive} \times size + b_{receive} \qquad (3.3)$$

3.4 Resumo dos modelos de escalabilidade e energia

Este capítulo apresenta uma forma inovadora de perceber a escalabilidade e o consumo de energia em redes de sensores sem fios. Para a investigação da escalabilidade, são afectados os parâmetros de qualidade do serviço (QoS), como o jitter médio, o atraso de extremo a extremo, a transmissão enviada e recebida. Por último, a descrição mostra o consumo de energia em caso de modo de transmissão e receção no modelo genérico, modelo mica-mote. No caso do modo inativo, o consumo de energia é mais elevado no modelo genérico, médio no modelo mica-mote e mais baixo no modelo micaZ.

CAPÍTULO 4 MODELOS DE CONFIANÇA E REPUTAÇÃO

4.1 Introdução

A relevância e a utilidade das redes de sensores sem fios estão a aumentar de dia para dia devido à vasta área de cobertura e a maioria dos investigadores está a trabalhar na melhoria da área de cobertura. As redes de sensores sem fios [Romer *et al.*, 2004] são utilizadas em múltiplas áreas, como a monitorização ecológica de habitats, a vigilância militar e de alvos, a monitorização estrutural e sísmica, as aplicações industriais e até a gestão do tráfego em redes veículo-veículo (V2V) [Li *et al.*,2007]. Uma rede de sensores sem fios contém um conjunto de sensores ou nós ligados através de um mecanismo de ligação para efetuar um trabalho de deteção distribuído. No entanto, as redes de sensores sem fios podem ser colocadas em condições muito críticas, que são difíceis de implantar fisicamente. Alguns dos esforços na direção das redes sem fios são os seguintes. Wei *et al.* [2010, 2014] propuseram um mecanismo seguro de ponte para a segurança e a privacidade do armazenamento e da computação num ambiente de computação em nuvem. Attar *et al.* [2012] analisaram os desafios de segurança nas redes de rádio cognitivas, juntamente com as suas soluções e direcções futuras. Han *et al.* [2013] sugeriram um algoritmo baseado em pesquisa para a comunicação de dados em redes de sensores sem fios duty-cycled. Zhang *et al.* [2012] apresentaram um esquema em eletrocardiograma (ECG) para incorporação de criptografia e autenticação em redes de área corporal. Liu *et al.* [2014] contribuíram para o incentivo à implantação de anti-spoofing para domínios distribuídos como a internet. Jing *et al.* [2014] trabalharam sobre as perspectivas e desafios para a segurança da internet das coisas. Eles tomaram a iniciativa de aprimorar os modelos de confiança e reputação para as redes de sensores sem fio. A investigação e o desenvolvimento de modelos de confiança e de reputação para as redes de sensores sem fios assumiram importância na comunidade mundial. Os nós fiáveis só podem ser identificados através de modelos de confiança e reputação [Marsh *et al.*, 1994; Murti *et al.*, 2006]. Yan *et al.* [2014] apresentaram um estudo sobre a gestão da confiança na Internet das coisas. Zhang *et al.* [2013] sugeriram um gerenciamento de chaves móveis em tempo real para redes de sensores sem fio. He *et al.* [2012] propuseram uma estratégia de re-trust para um esquema de gestão de confiança leve e resistente a ataques para redes de sensores médicos. Wang *et al.* [2015] fizeram uma revisão sobre técnicas de estabelecimento de chaves baseadas na reciprocidade do canal para sistemas sem fios. Yang *et al.* [2014] apresentaram um protocolo de acordo de chaves autenticado por três partes, comprovadamente seguro, usando cartões inteligentes. Zhou *et al.* [2015] sugeriram uma estratégia de gestão de chaves segura e baseada na privacidade para redes corporais sem fios assistidas pela nuvem em redes sociais de cuidados de saúde móveis. Fadlullah *et al.* [2010] destacaram um esforço de combate a ataques a protocolos encriptados. Yin *et al.* [2015] trabalharam na afirmação de manter a segurança de todos os utilizadores móveis através de um protocolo de identificação por radiofrequência anti-rastreamento em 5G. Yan *et al.* [2015] propuseram uma abordagem de segurança para redes artificiais e redes definidas por software. Xu *et al.* [2015] apresentaram a agregação hierárquica de dados em redes de sensores sem fios. Xiang *et al.* [2011] enfatizaram a metodologia de agregação de dados comprimidos para redes de sensores sem fio com eficiência energética. Peng *et al.* [2015] trabalharam para rastreamento de alvos móveis baseado em previsão de área local em redes de sensores sem fio. Busch *et al.* [2012] apresentaram a aproximação do congestionamento juntamente com a dilatação em redes através de jogos de roteamento. Li *et al.* [2014] contribuíram para o multicast confiável com codificação de rede pipelined usando alimentação oportunista e roteamento. Zhang *et al.* [2015] sugeriram um algoritmo de controlo de topologia baseado em interferências para redes ad hoc dinâmicas baseadas em atrasos. Song *et al.* [2014] propuseram um algoritmo baseado em biologia para o problema de exposição mínima de redes de sensores sem fio. Acampora *et al.* [2010] trabalharam no sentido de criar serviços fuzzy interoperáveis e adaptáveis para aplicações de inteligência ambiente. Singh *et al.* 2015 destacaram a influência do aumento de sensores sobre a realização de modelos de confiança e reputação para redes de sensores sem fio densas. Verma *et al.*[2011,2012,2013,2014,2015] demonstraram as investigações abrangentes de redes de sensores sem fios com base em protocolos de encaminhamento, consumo de energia e modelos de confiança e reputação numa única plataforma. Liu *et al.* [2015] apresentaram a otimização de physarum usando algoritmo inspirado na biologia para o problema da árvore de Steiner em redes. Vasilakos *et al.* [2015] trabalharam sobre rede centrada na informação com foco nos desafios e oportunidades de pesquisa no domínio das redes distribuídas. Yang *et al.* [2015] propuseram uma pesquisa sobre redes definidas por software para futuras redes móveis e sem fio virtualizadas. Xiong *et al.* [2009] destacaram uma análise comparativa para detectores de falhas adaptativos em sistemas de saúde. Xiao *et al.* [2012] trabalharam sobre limites de desempenho apertados de acesso justo multi-hop para protocolos MAC em redes de sensores sem fio. Este capítulo aborda os diferentes modelos de confiança e reputação para o comportamento estático, dinâmico e oscilatório das redes de sensores sem fios. Os modelos de confiança e reputação em redes de sensores sem fios têm atraído uma maior apreciação por parte da comunidade global. A confiança pode ser referida como um nível específico de probabilidade com que um determinado nó executará uma ação num domínio em que afecta a sua própria função antes de poder monitorizar a sua capacidade. A reputação pode ser definida como uma expetativa sobre o comportamento de um nó com base nas suas informações actuais ou observações passadas. Os nós de confiança só podem ser identificados com modelos de confiança e reputação [Romer *et al.*, 2004; Marsh, 1994; Marti *et al.*, 2006]. Muitos investigadores propuseram modelos de confiança e reputação para garantir um nível específico de segurança e precisão. Muitos investigadores propuseram modelos de confiança e reputação para garantir um nível adequado de segurança e precisão. No entanto, há uma necessidade premente de dar mais ênfase a este domínio para aumentar a área de cobertura dos modelos de confiança e reputação nas aplicações das redes de sensores sem fios

4.2 Visão geral dos modelos de confiança e reputação

A descrição dos cinco principais modelos de confiança e reputação que nos interessam é apresentada nas subsecções seguintes.

4.2.1Modelo de confiança Eigen

É o modelo de confiança e reputação mais frequentemente utilizado no domínio das redes de sensores sem fios. Kamvar *et al.* [2003] avaliaram este modelo com base no histórico de contribuições dos pares, atribuindo um valor único de confiança global no sistema de ficheiros peer to peer para cada par [Levien, 2000; Douceur, 2002]. Para o efeito, os autores definem S_{ij} como a confiança local do par i em relação ao par j, da seguinte forma: $S_{ij} = sat(i,j) - unsat(i, j)$. É a diferença entre a interação satisfatória e insatisfatória entre os pares i e j. Além disso, o valor normalizado da confiança local é apresentado na equação (4.1) da seguinte forma

$$C_{ij} = \frac{max\,(S_{ij},0)}{\sum_j max(S_{ij},0)} \tag{4.1}$$

Kamvar *et al.* [2003] também introduziram valores agregados de confiança local que se definem como $t = \sum C_{ikjijjk}$ Conde t_{ik} representa a confiança que o par i deposita no par k com base em perguntas aos seus amigos. Três questões práticas, como noções a priori de confiança, pares inactivos e colectivos maliciosos, foram também incorporadas pelos autores neste modelo. Na presença de pares maliciosos, $t = (C^T)\,np$ convergirá geralmente mais depressa do que $t = (C^T)\,ne$. No caso de pares inactivos, C_{ij} pode ser refinado da seguinte forma na equação (4.2):

$$C_{ij} = \begin{cases} \frac{max\,(S_{ij},0)}{\sum j\, max(S_{ij})} & if\ \sum j\ max(S_{ij},0) \neq 0; \\ otherwise & P_i \end{cases} \tag{4.2}$$

A questão dos colectivos maliciosos foi abordada pela seguinte equação (4.3) neste modelo.

$$\vec{t}^{(k+1)} = (1-a)\,C^T\,t^{\rightarrow(k)} \vec{+}\ ap\ ,\quad where\ a < 1. \tag{4.3}$$

4.2.2Modelo de confiança dos pares

Xiong e Liu [2004] referiram aspectos combinados relacionados com a gestão da confiança e da reputação, tais como o feedback que um par recebe de outros pares; o número total de transacções de um par; a credibilidade das recomendações dadas por um par; o fator de contexto da transação e o fator de contexto da comunidade. O valor de confiança do par u, $T(u)$, é representado pela seguinte equação (4.4):

$$T(u) = \alpha \sum_{i=1}^{I(u)} S(u,i)\,CR(p(u,i)TF(u,i) + \beta \times CF(u) \tag{4.4}$$

em que *I(u)* representa o número total de transacções realizadas pelo peer *u* com todos os outros peers, *p(u,i)* representa os outros participantes na i^{th} transação do peer *u*, *S(u,i)* representa a quantidade normalizada de satisfação que o peer *u* recebe de *p(u, i)* na sua i^{th} transação, *CR(v)* representa a credibilidade do feedback apresentado por *v*, *TF(u,i)* representa o fator de contexto da transação adaptável na i^{th} transação do peer *u* e *CF(u)* representa o fator de contexto da comunidade adaptável para o peer *u*. Por outro lado, a credibilidade de *v* a partir de *w* é calculada como se segue nas equações (4.5) a (4.6):

$$C_r(p(u,i)) = \frac{Sim(p(u,i),w)}{\sum_{j=1}^{I(u)} Sim(p(u,j),w)} \tag{4.5}$$

Onde

$$Sim(v,w) = 1 - \sqrt{\sum_{x \in IJS(v,w)} \left(\left(\frac{\sum_{j=1}^{I(x,v)} Sim(x,i)}{I(x,v)} - \frac{\sum_{j=1}^{I(x,w)} Sim(x,i)}{I(x,w)} \right)^2 \bigg/ IJS(v,w) \right)} \tag{4.6}$$

I(u, v) representa o número total de transacções realizadas pelo peer u com o peer *v*, *IS(v)* representa o conjunto de peers que interagiram com o peer *v* , *IJS(v, w)* denota o conjunto comum de peers que interagiram com o peer *v* e *w* para o cálculo de $IS(v) \cap IS(w)$. O estímulo à comunidade para o incentivo ou recompensa é feito através do fator de contexto (CF) com a seguinte expressão: *CF (u) = F (u)/I (u)* onde *F (u)* representa o número total de feedbacks que o peer *u* dá aos outros.

4.2.3Modelo de confiança BTRM-WSN

Este modelo de confiança para redes de sensores sem fios foi construído com base no algoritmo bio-inspirado do sistema de colónias de formigas [Girao *et al.*, 2006; Gomez *et al.*, 2008; Marmol *et al.*, 2009]. Neste modelo, o caminho mais fiável conduz ao fornecedor de serviços mais respeitável numa rede. A RSSF lançou um conjunto de agentes artificiais na procura do fornecedor de serviços mais fiável. Para tomar uma decisão sobre o próximo sensor, é atribuída uma probabilidade a cada arco através da seguinte equação (4.7):

$$pk(r,s) = \begin{cases} \frac{[\tau_{rs}]^{\alpha}[\eta_{rs}]^{\beta}}{\Sigma[\tau_{ru}]^{\alpha}[\eta_{ru}]^{\beta}} & if\ s \in Jk(r); \\ \text{otherwise} & 0 \end{cases} \quad (4.7)$$

A modificação do traço de feromonas das formigas [Mârmol and Perez, 2010] (mecanismo de decisão distribuído) para dois sensores (s_1 , s_2) é feita da seguinte forma na equação (4.8):

$$\tau_{s_1 s_2} = (1 - \varphi)\tau_{s_1 s_2} + \varphi\,\Omega \quad (4.8)$$

Onde $\Omega = (1 + (1 - \varphi)(1 - \tau_{s_1 s_2}\eta_{s_1 s_2}))\,\tau_{s_1 s_2}$ denota o valor de convergência de $\tau_{s_1 s_2}$ e φ representa um parâmetro que controla a quantidade de feromona. A equação (4.9) representa o melhor caminho encontrado por todas as formigas.

$$\tau_{rs} = (1 - \rho)\tau_{rs} + \rho\left(1 + \tau_{rs}\eta_{rs}Q(S_{Global_{Best}})\right)\tau_{rs} \quad (4.9)$$

Onde $Q(s_{Global\_Best})$ representa a qualidade do caminho. A qualidade dos caminhos S_k é medida como a média de todas as arestas pertencentes a esse caminho na equação (4.10):

$$Q(S_k) = \frac{\tau k}{\sqrt{Length(S_k)}}\%A_k \quad (4.10)$$

Onde $\% A_k$ indica a percentagem de caminhos fiáveis A punição ou recompensa do caminho que conduz ao par selecionado é dada pela equação:

$$\tau_{rs} = (\tau_{rs} - \varphi \times df_{rs})\frac{Sat}{df_{rs}} \quad \text{where satisfaction } (Sat) \in [0,1] \quad (4.11)$$

A equação 2 representa o fator de distância (df_{rs}) que une a ligação entre o sensor r e s.

$$df_{rs} = \sqrt{\frac{df_{rs}}{L(S_k)(L(S_k) - d_{rs} + 1}} \quad (4.12)$$

4.2.4Modelo Power Trust

Zhou e Hwang [2007] propuseram este modelo para um sistema de reputação entre pares escalável e robusto, aplicável especificamente a redes em crescimento dinâmico. Estas redes ponto a ponto podem ser estruturadas ou não estruturadas. Este modelo constrói uma rede de sobreposição de confiança (TON) em cima de todos os nós num sistema ponto a ponto. Para calcular a pontuação global da reputação de cada par participante, é obrigatório agregar as pontuações locais de confiança de todos os nós. Todas as pontuações globais formam um vetor de reputação $V = \{v_1, v_2, ., v_n\}$, sendo que $\sum V_i = 1$. Para calcular o vetor V, considere-se a matriz de confiança $R = (r_{ij})$ definida sobre um TON de n nós, em que r_{ij} pertence a [0, 1] é a pontuação de confiança local normalizada definida por $r_{ij} = \frac{s_{ij}}{\Sigma s_{ij}}$ e s_{ij} é a pontuação de feedback mais recente que o nó *I* classifica no nó j. Em seguida, um vetor de reputação inicial $V_{(0)}$ é definido, por exemplo, $v_i = 1/n$ e enquanto $|V_{(t)} - V_{(t-1)}| > e$, os vectores de reputação sucessivos são recursivamente calculados como $V_{(t+1)} = R^T \times V_{(t)}$ ... Após k iterações, o vetor de reputação global convergirá para o vetor próprio da matriz de confiança *R*. Finalmente, os nós de potência actualizam as suas pontuações de reputação global.

4.2.5Modelo de Confiança Fuzzy Linguístico (LFTM)

Este modelo utiliza o conceito de lógica difusa para o raciocínio de dados [Marmol *et al.*, 2010]. Utiliza o poder de representação dos conjuntos fuzzy linguisticamente rotulados para a satisfação de um cliente ou a bondade de um servidor. Além disso, continua a ser explorado pelo poder de inferência da lógica difusa, como nas dependências imprecisas entre o serviço originalmente solicitado e o efetivamente recebido ou a punição a aplicar em caso de fraude. O resultado esperado será um sistema facilmente interpretável e com um desempenho adequado. Neste modelo, um conjunto de etiquetas linguísticas que descrevem vários níveis de uma variável ou conceito pode ser associado a um conjunto difuso. O conjunto resultante constitui etiquetas linguísticas tais como: "Muito Baixo", "Baixo", "Médio", "Alto" e "Muito Alto". Este conjunto fuzzy definido associado às etiquetas acima referidas especifica o nível de satisfação do cliente.

4.3 Resumo

Este capítulo foi concluído com a descrição dos modelos BTRM-WSN, Eigen trust, peer trust, power trust e LFTM trust e reputação em redes de sensores sem fios. O desempenho das RSSF pode ser estimado com base na precisão, no trajeto e no consumo de energia para as operações dos nós sensores. Além disso, a descrição destacou três modos de RSSF, nomeadamente: redes de sensores sem fios estáticas, dinâmicas e oscilatórias. Depois de analisar o estado atual da arte nestes modelos, foram discutidos vários aspectos como a precisão, o comprimento do caminho e o consumo de energia. A descrição mostra que a estrutura óptima das RSSF deve ser tanto maior quanto maior for a probabilidade de precisão, melhor for a utilização dos recursos, o nível de satisfação adequado e menor for o consumo de energia.

CAPÍTULO 5 PROTOCOLOS DE ROTULAGEM E ESTRATÉGIAS DE DISTRIBUIÇÃO DOS NÓDULOS SENSORES

5.1 Introdução

Neste capítulo, o enfoque é dado aos protocolos de encaminhamento de disseminação de dados por inundação e fofoca para redes de sensores sem fios. Foi apresentada a ilustração da estrutura da RSSF para avaliação baseada na disseminação de dados com a estratégia de distribuição do gerador aleatório Delphi. Além disso, foi acrescentado o funcionamento dos nós em termos de métricas de desempenho, como a contagem de sentidos, a contagem de transmissões, a contagem de recepções e a contagem de recepções redundantes. Além disso, foi acrescentada uma descrição para provar a validade das investigações baseadas em eventos em redes de sensores sem fios altamente densas.

5.2 Protocolos de divulgação de dados

Esta secção apresenta os antecedentes e os trabalhos relacionados com os protocolos de inundação e de fofoca, com os pressupostos necessários para as estruturas concebidas para as secções posteriores.

5.2.1Protocolos clássicos de inundação (FP)

Neste protocolo, cada nó recebe um pacote até ao valor limite máximo da contagem de saltos, desde que não actue como destino do pacote. Esta metodologia não impõe restrições complexas, como a manutenção da topologia e a descoberta de rotas na rede. Cada nó recebe um pacote e retransmite o mesmo pacote depois de armazenar a identidade da fonte e o número de sequência da mensagem para todos os seus vizinhos, o que pode resultar na propagação de várias mensagens de encaminhamento desnecessárias. Heinzelman *et al.* [1999] identificaram três grandes lacunas no protocolo de inundação, nomeadamente a implosão, a sobreposição e a cegueira de recursos. Uma simples difusão de pacotes torna-se dispendiosa em termos de tempo e energia com o mecanismo de implementação CSMA. Ni *et al.* [1999] relataram a gravidade do problema da tempestade de difusão, com consequências para a redundância, a contenção e as colisões. Os investigadores apresentaram propostas para reduzir o problema da difusão em referência [Ni *et al.*, 1999; Levis *et al.,* 2004]. Desperdiça-se muita energia com a contenção e a colisão, uma vez que as propostas continuam a basear-se no CSMA. O protocolo MAC INFUSE baseado em TDMA para disseminação de dados foi proposto na referência [Kulkarni and Arumugam, 2006]. Reduziu a energia e o tempo gasto com a inundação, mas também considera o reconhecimento implícito para canais com perdas, o que resulta num consumo extra de energia. Recentemente, a sincronização temporal através de flooding tem merecido a devida atenção. Elson *et al.* [2002] eliminaram o não-determinismo do lado do transmissor. Uma estrutura hierárquica de níveis foi proposta na referência [Ganeriwal *et al.*, 2003], onde o nó raiz inicia a fase de controlo e as mensagens de controlo são retransmitidas dos nós de nível superior para os de nível inferior, resultando na redução do erro de sincronização. Ambos os esquemas relatados na referência [Elson *et al.*, 2002, Ganeriwal *et al.*, 2003] para troca de mensagens grandes herdam erros de sincronização que resultam em perda de dados. Como solução, a sincronização temporal por inundação utiliza a propriedade de difusão inerente para sincronizar vários receptores, como se mostra na referência [Maroti *et al.*, 2004]. Zeng *et al.* [2007] inventaram um esquema de sincronização baseado em TDMA para reduzir o consumo de energia e propõem diretrizes para a determinação do tamanho do quadro de sincronização. Pode haver perda de tempo se o tamanho do quadro permanecer demasiado grande ou demasiado pequeno e também torna complexo o cálculo e a computação da receção. Shanti e Sahoo [2011] investigaram o protocolo de inundação fiável e energeticamente eficiente baseado em TDMA (TREEFP), no qual foram atribuídos slots de recolha de informações de topologia sem passagem de mensagens. Este protocolo demonstrou uma maior fiabilidade em comparação com a referência [Zeng *et al.*, 2007]. De acordo com os requisitos do TREEFP, cada nó deve conhecer a sua posição relativamente ao sink, quer através de um algoritmo de localização, quer através da programação dos nós durante o tempo de implementação.

5.2.2Protocolo de coscuvilhice (GP)

Uma versão modificada do protocolo de inundação refere-se ao protocolo de coscuvilhice, em que os nós enviam pacotes para vizinhos selecionados aleatoriamente, mas não os difundem. Consequentemente, evita o problema da implosão mas, por outro lado, uma mensagem demora mais tempo a propagar-se pela rede. A coscuvilhice reduz consideravelmente a sobrecarga do protocolo de difusão, mas não garante a entrega da mensagem a todos os nós da rede. Para propagar a mensagem, o protocolo de difusão depende dos vizinhos selecionados aleatoriamente. Investigações recentes sugerem a importância dos protocolos de coscuvilhice para a conceção de uma nova geração de sistemas de monitorização que incorporem critérios como a elevada escalabilidade e a tolerância a falhas [Birman, 2007]. Até à data, não foram desenvolvidos sistemas de monitorização baseados em gossiping. Wuhib *et al.* [2009] propuseram uma nova abordagem para o monitoramento do desempenho da rede através do protocolo gossiping. Além disso, Wuhib *et al.* [2011] apresentaram um trabalho de investigação sobre agregação baseada em mexericos para monitorização em tempo real e avaliaram a monitorização baseada em mexericos em comparação com a monitorização tradicional baseada em árvores. Os protocolos de mexericos também são conhecidos como protocolos epidémicos. Estes protocolos baseiam-se, de facto, em algoritmos distribuídos específicos por rondas. Cada nó seleciona um subconjunto de outros nós para interagir numa ronda em que a função de seleção permanece probabilística. Os nós interagem através de "pequenas" mensagens, como referido nas referências [Demers *et al.*, 1987; Kempe *et al.*, 2003]. Inicialmente, os protocolos de mexericos foram propostos com o objetivo de disseminar actualizações em grandes sistemas de bases de dados [Demers *et al.*, 1987]. Mais recentemente, o escopo desses protocolos foi ampliado para várias outras tarefas, como a construção de overlays robustos [Tang *et al.*, 2005], fatiamento de redes [Fernandez *et al.*, 2007], estimativa do tamanho da rede [Kostoulas *et al.*, 2007] e monitoramento de agregados da rede [Wuhib *et al.*, 2009; Kempe *et al.*, 2003]. Para avaliar o comportamento bimodal do mexerico [Haas *et al.*, 2002; Christopher *et al.*, 2003; Eugster *et al.*, 2001; Vogels *et al.*, 2003], seja p a probabilidade de mexerico e, para grafos suficientemente grandes com fracções $\theta^S(p)$ e $\theta^R(p)$ dispostas de tal forma que o mexerico se extingue rapidamente em $1-\theta^S(p)$

das execuções. Na quase totalidade da fração θ^S (p) das execuções, uma fração θ^R (p) dos nós recebe a mensagem se a coscuvilhice não se extinguir, caso contrário, em muitos casos, θ^R (p) mantém-se próximo de 1. No caso de coscuvilhice pura, uma fonte envia o pedido de itinerário com probabilidade 1 e quando um nó recebe pela primeira vez um pedido de itinerário com probabilidade *p,* transmite o pedido com probabilidade *1 - p* aos seus vizinhos, desde que rejeite o pedido; se o mesmo pedido for novamente recebido pelo nó. A condição inicial mostra o problema de um número muito reduzido de vizinhos. Para os primeiros *k* saltos, a probabilidade de fofoca é 1 e para $k + 1$ saltos a probabilidade de fofoca é *p*. O GOSSIP1 (1, 1) apresenta um comportamento equivalente ao da inundação. O GOSSIP1 (*p*, 1) representa um comportamento equivalente ao GOSSIP1(*p*) puro. Se $\theta_0{}^S$ (p) denota uma probabilidade bem definida e $\theta_0{}^F$ (p) = Probabilidade de receção de mensagens e de encaminhamento, então a seguinte relação é válida para o protocolo de mexericos $\theta_0{}^S$ (p) = $\theta_0{}^F$ (p) =def θ_0 (p), desde que $\theta_0{}^S$ $(p) < 1$. O algoritmo de mexericos é utilizado como uma extensão do mexerico normal do vizinho mais próximo referido por Boyd *et al.* [2006], utilizando o modelo de mobilidade de forma natural. Num grafo *G,* os agentes deslocam-se independentemente para novas localizações em cada momento, com uma seleção aleatória. Para cada tempo *t = 1, 2......k,* ocorrem os seguintes eventos. Se *i* e *j denotam* agentes, l_i *(t)* denota a nova localização, μ_i denota a distribuição da mobilidade, *Nli(t)* denota um conjunto, então as equações (5.1) a (5.2) são válidas:

$$\mathcal{N}li(t) = \{k \in v : (li(t), lk(t)) \in \varepsilon\} \tag{5.1}$$

$$x_k(t) = \begin{cases} \frac{1}{2}(x_i(t-1) + x_j(t-1) & k = i.j \\ x_k(t-1) & k \neq i,j \end{cases} \tag{5.2}$$

Onde os agentes *i, j* trocam e actualizam valores. Média verdadeira com probabilidade superior a 1- *e* representada pela seguinte equação (5.3):

$$T_{ave}(n, €) = \sup_{x(0)} \inf_{t=0,1,2...} \left\{ \mathbb{P}\left(\frac{\|x(t) - x\vec{1}\|}{\|x(0)\|} \geq \epsilon \right) \leq \epsilon \right. \tag{5.3}$$

Onde ||.|| denota a norma euclidiana. Denantes *et al.* [2008] analisaram que os limites do intervalo espetral produzem uma taxa determinística assintótica de erro de desaparecimento. Sarwate *et al.* [2012] analisaram os limites de uma forma que pode ser usada para correlacionar tanto a taxa de convergência em probabilidade como o erro médio que decai de forma exponencial e assintótica

5.3 Distribuições de sensores

As estratégias de distribuição dos nós sensores afectam gravemente o desempenho da comunicação específica de eventos em redes de sensores sem fios. Esta secção descreveu oito distribuições de redes de sensores, nomeadamente: normal, gama, exponencial, beta, Gaussiana inversa generalizada, Poisson, Cauchy e Weibull. Foi acrescentada a estrutura de conceção e ilustração de uma RSSF com estas distribuições de nós para a disseminação de dados. Além disso, as operações dos nós baseadas nas métricas de contagem de sentido, contagem de transmissão e contagem de receção redundante também foram incorporadas. Na secção seguinte, é apresentada uma breve descrição das estratégias de distribuição.

5.4 Estratégias de distribuição dos nós sensores

Esta secção apresenta os antecedentes e os trabalhos relacionados com oito estratégias de distribuição de nós sensores, com os pressupostos necessários para os quadros concebidos para as secções posteriores. Na literatura, vários estudos e abordagens potenciais foram relatados por diferentes grupos de investigação. Yen *et al.* [2011] propuseram um encaminhamento multicast de QoS limitado por inundação e com restrições múltiplas baseado no algoritmo genético para MANETs. Liu *et al.* [2010] sugeriram um algoritmo de encaminhamento por clustering multicamada para redes de sensores veiculares sem fios. Cheng *et al.* [2012] enfatizaram a organização dos nós para atribuição de canais com preservação de topologia em redes mesh sem fio multirrádio. Li *et al.* [2012] apresentaram um protocolo de alimentação e roteamento oportunista para multicast confiável com codificação de rede pipelined. Zeng *et al.* [2013] avaliaram o roteamento direcional e o agendamento para redes veiculares verdes tolerantes a atrasos. Busch *et al.* [2012] investigaram a aproximação do congestionamento e da dilatação na rede através do critério de qualidade de encaminhamento. Spyropoulos *et al.* [2010] destacaram o roteamento para redes tolerantes a interrupções: taxonomia e projeto no domínio das redes sem fio. Li *et al.*

[2013] apresentaram uma pesquisa sobre controlo de topologia em redes de sensores sem fios e discutiram ainda a taxonomia, o estudo comparativo e as questões em aberto no referido domínio. Xiang *et al.* [2011] propuseram a agregação de dados comprimidos para redes de sensores sem fio com eficiência energética. Youssef *et al.* [2014] fizeram um levantamento sobre métricas de roteamento de redes de rádio cognitivo. Xiao *et al.* [2012] salientaram os limites de desempenho apertados do acesso justo multi-hop para protocolos MAC em redes de sensores sem fios e redes de sensores subaquáticas. Wang *et al.* [2012] contribuíram para as oportunidades e desafios das redes móveis ecológicas. Chilamkurti *et al.* [2009] destacaram o suporte de camadas cruzadas para roteamento eficiente em termos de energia para disseminação de dados em redes de sensores sem fio. A motivação para o nosso trabalho de investigação atual é obter uma disseminação de dados precisa para a avaliação de diferentes distribuições de nós sensores nas redes de sensores sem fios. A estimativa óptima da disseminação de informação melhora certamente o desempenho do sistema global, mas pode não ser constante para todas as estratégias de distribuição. A entrega duplicada de pacotes sobrecarrega toda a rede e consome mais recursos, tanto em termos de energia como de computação. A distribuição dos sensores na rede influencia certamente o desempenho de todo o ambiente operacional quando se avalia um protocolo de encaminhamento específico. O objetivo é examinar cuidadosamente o protocolo de encaminhamento de disseminação da informação e apresentar um resultado ótimo sem comprometer quaisquer restrições em relação ao resultado esperado. Por conseguinte, deve ser necessária uma investigação típica para aceder ao âmbito de um protocolo de encaminhamento específico para redes de sensores sem fios. Nesta secção, são apresentadas as investigações reforçadas para a difusão de informações na rede de sensores sem fios, especificamente no que diz respeito às estratégias de distribuição dos nós sensores, tal como descrito nas subsecções seguintes.

5.4.1Distribuição normal (ND)

No contexto da probabilidade, a distribuição normal ou gaussiana refere-se a uma função de distribuição de probabilidade contínua (CPDF) [Cover *et al.*, 2006;

Distribuição normal]. Se o parâmetro μ denota a média, σ representa o desvio-padrão e a variância é σ^2 , então a FDPC pode ser definida pela seguinte fórmula, tal como ilustrado na equação (5.4):

$$f(x) = \frac{1}{\sigma\sqrt{2\pi}} e^{-\frac{(x-\mu)^2}{2\sigma^2}} \tag{5.4}$$

Se a média for igual a zero e o desvio padrão igual a 1, então a variável aleatória com distribuição gaussiana pode ser designada como normalmente distribuída. Park *et al.* [2009] e

Phipatanasuphorn *et al.* [2004] propuseram um novo modelo autoregressivo condicional para maximizar a entropia. Luo [2013] apresentou uma abordagem probabilística máxima para estimação distribuída em redes de sensores sem fio usando distribuição normal.

5.4.2Distribuição Gama (GD)

No domínio das probabilidades e da estatística, uma distribuição gama com uma variável aleatória contínua *X* pode ser definida pela seguinte função de densidade de probabilidade [distribuição gama]: equação (5.5):

$$f(x) = \frac{e^{-x} x^{\lambda-1}}{\Gamma(\lambda)} \quad \text{with parameter } \lambda \tag{5.5}$$

Steven *et al.* [1994] efectuaram uma análise estatística da sobrevivência de estudos de marcação de peixes e animais selvagens utilizando a distribuição gama. Ali *et al.* [2008] analisaram um banco de ensaios de redes em malha sem fios para medir o atraso utilizando a distribuição gama e consideraram-na adequada para noventa por cento das distribuições empíricas. Lee *et al.* 2012 tomaram a iniciativa de criar uma estratégia de movimento ótimo distribuído para a recolha de dados em redes de sensores sem fios utilizando uma distribuição estacionária. Serdar *et al.* [2010] apresentaram uma avaliação sobre uma rede de sensores sem fios com localizações aleatórias em distâncias multi-hop.

5.4.3Distribuição Exponencial (ED)

No contexto das probabilidades, uma variável aleatória contínua *X* pode ter uma distribuição exponencial se satisfizer a equação (5.6) da função de distribuição de probabilidades [Distribuição exponencial]:

$$f(x\,;\,\lambda) = \begin{cases} \lambda e^{-\lambda x}\,, & x \geq 0, \\ 0\,, & x < 0. \end{cases} \tag{5.6}$$

De outra forma, a função de probabilidade da distribuição exponencial também pode ser escrita da seguinte forma na equação (5.7):

$$f(x\,;\,\lambda) = \lambda e^{-\lambda x}\, H(x) \tag{5.7}$$

Onde *H(x)* representa a função de Heaviside e > *0* denota o parâmetro de taxa. Os principais critérios desta distribuição são a divisibilidade indefinida. Liu *et al.* [2004] propuseram estratégias óptimas de deteção distribuída para redes de sensores sem fios exponenciais. Pathak *et al.* [2012] sugeriram uma abordagem para a maximização da energia em redes de sensores sem fios com base numa distribuição exponencial de encaminhamento híbrido. Além disso, um esforço para melhorar o tempo de vida das redes de sensores sem fios em conjunto com a distribuição exponencial e o encaminhamento misto foi apresentado na referência [Pathak e Aruna, 2012].

1.1.5Distribuição Beta (BD)

Pode dizer-se que uma variável aleatória contínua *Y* tem uma distribuição beta se corresponder à equação (5.8) da função de distribuição de probabilidade [Statistics, 2009; Beta distribution].

$$f(y) = \begin{cases} \frac{y^{\alpha-1}\,(1-y)^{\beta-1}}{B(\alpha,\beta)}, & 0 \leq y \leq 1, \text{ and shape parameters } \alpha,\beta > 0, \\ 0\,, & \text{otherwise}. \end{cases} \tag{5.8}$$

Considerando que a função beta pode ser definida com a seguinte equação (5.9):

$$B(\alpha,\beta) = \int y^{\alpha-1}\,(1-y)^{\beta-1}\,dy = \frac{\Gamma(\alpha)\Gamma(\beta)}{\Gamma(\alpha+\beta)} \tag{5.9}$$

Momani *et al.* [2010] utilizaram a distribuição beta para modelar a confiança e estudaram o modelo de confiança em diferentes domínios de rede. Momani *et al.*

[2009] referiram que a distribuição beta pode ser utilizada para modelação probabilística e estimativa Bayesiana recursiva da confiança em redes de sensores sem fios.

1.1.6Distribuição Gaussiana Inversa Generalizada (GIGD)

Nesta distribuição, a função de distribuição de probabilidade para uma variável aleatória x com parâmetros μ e λ pode ser definida como em [Johnson *et al.*, 1970; Folks *et al.*, 1978] com a equação (5.10):

$$f(x) = \begin{cases} \sqrt{\frac{\lambda}{2\pi x^3}} \exp\left(-\frac{\lambda(x-\mu)^2}{2\mu^2 x}\right), & x > 0, \\ , & x < 0 \end{cases} \tag{5.10}$$

Folk *et al.* [1978] apresentaram uma revisão sobre a distribuição Gaussiana inversa e a sua aplicação. Takagi *et al.* [1997] propuseram uma análise evolutiva da exposição ocupacional de dados utilizando a distribuição Gaussiana inversa. Um esforço de ligação entre a análise matemática de um único neurónio e a ligação estatística desse neurónio ao resto do cérebro foi sugerido por Berger *et al.* [2011]. Além disso, a distribuição Gaussiana inversa foi aplicada para estatísticas de segunda ordem e capacidade de canal por Trigui *et al.* [2012].

1.1.7Distribuição de Poisson (PD)

No domínio das probabilidades, a distribuição de Poisson refere-se à distribuição discreta da contagem de acontecimentos num dado intervalo de tempo de forma aleatória [Distribuição de Poisson; Haight, 1967; Gullberg, 1997; Statistics, 2007; Marchini Lecture Notes]. Para uma variável estocástica X, a função de massa de probabilidade para o parâmetro $\lambda > 0$, se para $k = 0, 1, 2 ...$ pode ser dada pela equação (5.11):

$$f(k\,;\,\lambda) = Pr(X = k) = \frac{\lambda^k e^{-\lambda}}{k!} \tag{5.11}$$

Em que e representa a base do logaritmo natural e $k!$ representa o fatorial de k. A distribuição de Poisson pode ser aplicada em áreas em que a probabilidade de resultado é rara. Song *et al.* [2006] analisaram a transmissão cooperativa em redes de sensores sem fios utilizando a distribuição de Poisson. Dargie *et al.* [2009] desenvolveram um protocolo de controlo de topologia para redes de sensores sem fios bidimensionais utilizando a distribuição de Poisson.

5.4.7Distribuição de Cauchy (CD)

Nesta distribuição, a distribuição de uma variável aleatória *x* continua a ser o rácio de duas variáveis aleatórias independentes [Johnson *et al.*, 1994; Projectos Davidson; Hecht, 1987; Park *et al.*, 2009; Distribuição de Cauchy; Exemplos de Cauchy]. A distribuição de probabilidade mais simples de duas variáveis pode ser mencionada de acordo com a equação (5.12):

$$f(x;\ 0,1) = \frac{1}{\pi(1+x^2)} \quad (5.12)$$

No caso da função arctangente, a equação (513) apresenta a função de distribuição cumulativa

$$f(x;\ 0,1) = \frac{1}{\pi} arctan(x) + \frac{1}{2} \quad (5.13)$$

Se x0 for o parâmetro de localização e γ for o parâmetro de escala, a função de distribuição de probabilidade da distribuição de Cauchy pode ser descrita com a equação subjacente (514):

$$f(x;\ x_0, \gamma) = \frac{1}{\pi\gamma\left[1+\left(\frac{x-x_0}{\gamma}\right)^2\right]} = \frac{1}{\pi}\left[\frac{\gamma}{(x-x_0)^2+\gamma^2}\right] \quad (5.14)$$

Carrillo *et al.* [2010] enfatizaram problemas que requerem comportamento robusto com base em uma estrutura de distribuição de Cauchy generalizada e provaram a relação entre a função de distribuição de probabilidade da família da distribuição de Cauchy generalizada (GCD) com modelagem estatística e caudas algébricas.

1.1.9Distribuição de Weibull (WD)

Para uma variável aleatória contínua *x,* a distribuição de Weibull pode ser referida pela seguinte fórmula [distribuição de Weibull] dada na equação (5.15):

$$f(x) = \alpha\lambda x^{\alpha-1} \exp\left(-\lambda x^{\alpha}\right) \quad (5.15)$$

Os tempos de vida e os ensaios de fadiga podem ser facilmente determinados neste tipo de distribuição, como indicado na equação (5.16):

$$\text{Mean} = \lambda^{-1/\alpha}\, \Gamma(1+\alpha^{-1}) \quad (5.16)$$

A distribuição exponencial pode ser descrita como um caso especial da distribuição de Weibull. Steven *et al.* [1994] apresentaram uma iniciativa para a análise estatística da sobrevivência de estudos de marcação de peixes e animais selvagens com base nesta distribuição.

5.5 Grau de liberdade (DOF) e escalabilidade

Trata-se de uma nova representação da distribuição qui-quadrado quando os protocolos subjacentes de disseminação de dados correlacionados têm forte influência nas redes de sensores sem fios. A avaliação do DOF em relação à escalabilidade para derivar a resultante conjunta acrescentou mais robustez ao sistema RSSF. Além disso, são também avaliadas as operações dos nós sensores de contagem de sentidos, contagem de transmissão e contagem de receção redundante. Por último, foi efectuada uma análise pormenorizada para provar a validade da nossa proposta. No entanto, a distribuição de qui-distribuição para nós sensores sem fios parece intratável com o DOF quando variado com o número específico de nós no cenário.

5.6 Distribuição qui-quadrado

A distribuição central e não-central desempenha um papel fundamental na determinação do desempenho de quaisquer sistemas de comunicação [Simon *et al.*, 2001; Foschini *et al.*, 1998; Gore *et al.*, 2002; Simon *et al.*, 2005; Jafarkhani, 2005]. No contexto das probabilidades, a distribuição qui-quadrado, também designada por distribuição central, representa a soma dos quadrados de *k* variáveis aleatórias padrão com *k* DOFs [distribuição qui-quadrado; Sanders, 2009; Abramowitz *et al.*, 1965; NIST, 2006; Johnson *et al.*, 1994]. Assumamos que Z1, Z_2 ..... Z_k sejam variáveis aleatórias normais padrão independentes e, em seguida, a soma da sua distribuição qui-quadrado com k DOF pode ser denotada pela equação (5.17):

$$Q = \sum_{i=0}^{k} Z_i^2 \ , \ Q \sim \chi^2 \ (k) \ \text{ or } \ Q \sim \chi_k^2 \tag{5.17}$$

Onde k denota DOF com um número positivo, *ou seja,* Z_i números. A distribuição de Chi está em conformidade com a equação (5.18) para calcular a função de distribuição de probabilidade.

$$f(x;k) = \begin{cases} \frac{x^{(k/2)-1}e^{-x/2}}{2^{k/2}\,\Gamma(k/2)}, & x \geq 0\,; \\ 0\,, & \text{otherwise}\,. \end{cases} \tag{5.18}$$

A equação (5.19) representa a prova da distribuição de Chi para k DOF com função de distribuição de probabilidade.

$$P(Q)dQ = \int_V^0 \prod_{i=1}^{k}(N(x_i)d\,x_i) = \int_V^0 \frac{e^{-\frac{x_1^2+x_2^2+\cdots\ldots+x_k^2}{2}}}{(2\pi)^{\frac{k}{2}}}\,dx_1 dx_2 \ldots dx_k \tag{5.19}$$

Onde x_i denota o ponto único no espaço dimensional k, $N(x)$ a distribuição normal padrão e V o volume elementar da casca em $Q(x)$ é proporcional ao espaço unidimensional de acordo com a equação (5.20):

$$Q = \sum_{i=0}^{k} x_i^2 \tag{5.20}$$

Em alternativa, a equação (5.21), para n esferas em que $n = k\text{-}1$ com raio $R = \sqrt{Q}$

$$P(Q)d(Q) = \frac{e^{-Q/2}}{(2\pi)^{\frac{k}{2}}} \int_V^0 dx_1 dx_2 \ldots dx_k \tag{5.21}$$

A equação (5.22) transforma-se numa área de superfície A de $k\text{-}1$ esferas

$$dR = \frac{dQ}{2Q^{\frac{1}{2}}}\,, \text{area of } k-1 \text{ sphere } A = \frac{kR^{k-1}\pi^{\frac{k}{2}}}{\Gamma\left(\frac{k}{2}+1\right)} \tag{5.22}$$

Substituindo agora que $(z+1) = z(z)$ onde $\boldsymbol{\Gamma}$ é a função gama e cancelando ainda mais os termos obtém-se a equação (5.23):

$$P(Q)dQ = \frac{e^{-Q/2}}{(2\pi)^{k/2}}\,AdR = \frac{1}{2^{\frac{k}{2}}\Gamma(k/2)} Q^{\frac{k}{2}-1} \quad Q^{\frac{k}{2}-1} e^{-Q/2}\,dQ \tag{5.23}$$

Assim, a relação para a distribuição do qui-quadrado está provada. Mais adiante na literatura, a avaliação pormenorizada da distribuição central generalizada do qui-quadrado foi apresentada na referência [Cacoullos *et al.*, 1984; Koutras, 1986; Patnaik, 1949; Tiku, 1965]. Na referência [Biyari *et al.*, 1993] foi proposta uma relação entre a distribuição não central e a distribuição generalizada de Hermite em forma quadrática. Mesmo os elementos diagonais de uma matriz Wishart seguem a distribuição qui-quadrado. As investigações nas referências [Jensen, 1970; Krishnaiah *et al.*, 1963; Royen, 1991] analisaram a função de distribuição de probabilidade conjunta para os elementos diagonais da matriz Wishart. Blumenson *et al.* [1963] apresentaram outra forma de distribuição central multivariada, *ou seja,* a função de distribuição de probabilidade de Rayleigh generalizada. Um esforço no sentido de derivar uma solução próxima para a função de distribuição de probabilidade de Rayleigh foi sugerido na referência [Blumenson *et al.*, 1963; Miller, 1964]. Além disso, um esforço para melhorar a distribuição Nakagami-m do método de Miller [Miller, 1964] com matriz de correlação foi apresentado por Dharmawansa *et al.* [2007].

5.7 Protocolos de Disseminação de Dados, Estratégias de Distribuição e Escalabilidade Sumarização Neste capítulo, o foco é a descrição de uma estrutura de RSSF altamente densa que implementa dois protocolos de encaminhamento de disseminação de dados no que diz respeito às métricas de desempenho: contagem de sentidos, contagem de transmissão e contagem de receção redundante. Foram acrescentados os protocolos de flooding e gossiping especificamente para as operações dos nós com referência ao número de eventos. O desempenho dos protocolos de encaminhamento varia consoante o número de nós e de eventos presentes no cenário. É a primeira vez que se trabalha na análise comparativa de protocolos de encaminhamento de RSSF altamente densas. Este trabalho sobre a avaliação das redes de sensores sem fios prossegue em direcções específicas. O estado atual da arte nestes modelos, uma série de aspectos como a contagem de sentidos, a contagem de transmissão e a contagem de receção redundante foram identificados e analisados. Foi também acrescentada a investigação sobre a implementação e avaliação destes modelos. Os resultados mostram que, do ponto de vista da eficiência, o desempenho do protocolo de coscuvilhice supera o dos protocolos de inundação em redes de sensores sem fios altamente densas em todos os casos de operação de contagem de nós. Em seguida, neste capítulo, a atenção centra-se na avaliação de uma estrutura de rede de sensores sem fios que implementa oito estratégias de distribuição de sensores para o protocolo clássico de encaminhamento por inundação, com referência a três métricas de desempenho, nomeadamente: contagem de sentidos, contagem de transmissão e contagem de receção redundante. O protocolo de encaminhamento de inundação clássico estimado especifica as operações dos nós com referência ao número de eventos. O desempenho dos protocolos de encaminhamento varia consoante as diferentes distribuições da rede de sensores e os eventos presentes no cenário. O nosso trabalho de investigação apresentou uma investigação exaustiva sobre oito estratégias de distribuição de sensores. A descrição centra-se na avaliação das operações específicas dos nós de deteção e transmissão, em que, em ambos os casos, a distribuição gama apresenta um melhor comportamento do que as outras distribuições. Pelo contrário, a distribuição Weibull consome o máximo de recursos, o que resulta num maior número de operações de nós. Para as operações específicas de receção de nós redundantes, a distribuição de Poisson reflecte inicialmente um melhor comportamento e, finalmente, a distribuição exponencial apresenta uma resposta adequada em relação às outras distribuições do cenário. Por outro lado, a distribuição gama, no início, obtém o máximo de operações de receção de nós redundantes e, no final, a distribuição de Cauchy reflecte o máximo de operações de nós redundantes. Por último, neste capítulo, o foco é o impacto do DOF com a estratégia de distribuição de nós qui-quadrado para uma rede de sensores sem fios. Existe uma forte relação entre o DOF e a escalabilidade na distribuição qui-quadrado. A plataforma de avaliação que constitui uma estrutura de rede de sensores sem fios para o protocolo clássico de encaminhamento por inundação, com referência a três métricas de desempenho, nomeadamente: contagem de sentidos, contagem de transmissões e contagem de redundâncias de receção, acrescentou mais robustez ao sistema global. A descrição mostra o protocolo clássico de encaminhamento por inundação especificamente para as operações dos nós com referência ao número de eventos. O desempenho do sistema RSSF altera-se em função dos diferentes DOF e do número de nós presentes no cenário. A descrição centra-se principalmente na avaliação comparativa dos diferentes valores de DOF utilizados no modelo concebido. Esta descrição apresenta uma investigação exaustiva sobre a estratégia de distribuição qui-quadrada com o protocolo clássico de encaminhamento por inundação. A descrição apontou para a avaliação escalável da estrutura das RSSF, desde sensores sem fios finos a muito densos. Além disso, as operações dos nós continuam a ser maiores no caso de valores DOF ímpares do que de valores DOF pares. A partir desta investigação, a previsão geral continua a ser que quanto menor for o número de nós, mais linear será o comportamento das operações dos nós nas redes de sensores sem fios.

CAPÍTULO 6 CONCLUSÕES E DISCUSSÕES FUTURAS

6.1 Contribuições e debates

Este livro investiga diferentes protocolos de encaminhamento em redes de sensores sem fios através de explorações abrangentes, bem como de modelação e otimização teóricas. O objetivo é avaliar rigorosamente os protocolos de encaminhamento, a realização de modelos de energia e a melhoria da estrutura existente das redes de sensores sem fios. Além disso, os modelos de confiança e reputação proporcionaram uma melhoria significativa no sistema WSN. As contribuições deste livro são resumidas da seguinte forma.

1. É necessária uma plataforma integrada para as condições reais do terreno para implementar protocolos e aplicações de encaminhamento de redes de sensores sem fios. Esta plataforma deve igualmente tirar partido do modelo de avaliação baseado na QoS para a sua adaptabilidade no referido domínio. Além disso, foram descritas as capacidades dos modelos de baterias lineares e de estimadores de vida útil com protocolos de encaminhamento. A descodificação mostra que o desempenho do protocolo de encaminhamento dinâmico baseado na procura é superior ao dos restantes protocolos da nossa proposta e que o modelo de estimativa da vida útil supera o modelo linear em todos os casos de consumo de energia. A escolha de um protocolo de encaminhamento adequado é promissora para prolongar ainda mais a eficiência global do sistema.

2. Foi adicionado um método generalizado para analisar o desempenho do protocolo de encaminhamento AODV no que respeita à questão da escalabilidade. Este método surgiu para avaliar os parâmetros de QoS, como o jitter médio, o atraso de fim a fim, o envio de difusão, a receção de difusão e os pacotes de e para a camada de aplicação do protocolo de encaminhamento AODV. Além disso, estes artistas são utilizados para otimizar os parâmetros do protocolo para obter um desempenho desejável. A influência da questão da escalabilidade no comportamento das camadas de aplicação, MAC, transporte e física. A questão da escalabilidade deve estar presente na arquitetura do sistema, a fim de suportar aplicações de redes de sensores sem fios.

3. Para validar a arquitetura geral das RSSF, devem ser incorporados os modelos de energia geral, mica-mote e micaZ. Na avaliação desta plataforma, os modelos de energia mostram melhorias significativas de desempenho com o protocolo DSR. O impacto do protocolo DSR no consumo de energia com base nas transmissões, na receção e no modo inativo pode ser incorporado. O consumo de energia continua a ser mais elevado no modelo genérico e mais baixo no modelo micaZ. O consumo de energia mantém-se intermédio no modelo mica-mote. Estas conclusões são validadas por comparação com as previsões teóricas. A plataforma Mica provou a sua eficácia, tanto em teoria como através da sua utilização em cenários de aplicação a longo prazo com bateria.

4. As redes de sensores sem fios estão a mudar continuamente as nossas vidas. A capacidade atual de comunicar instantaneamente com alguém no outro extremo do mundo, bem como de partilhar informações ou mesmo de fazer negócios através de transacções electrónicas, era certamente um sonho há apenas alguns anos. No entanto, para além do vasto leque de oportunidades que nos são oferecidas e que promovem o crescimento económico das nações, existem, infelizmente, várias ameaças que dificultam a sua concretização. Infelizmente, há várias ameaças que impedem esse desenvolvimento. A fase final de adoção das redes de sensores sem fios será quando as informações de missão crítica lhes forem confiadas. A gestão da confiança e da reputação foi recentemente proposta como uma alternativa nova e precisa para lidar com as redes de sensores sem fios, em que a falta de informação sobre os restantes membros que compõem a comunidade pode conduzir a um conjunto de ataques altamente nocivos. A avaliação dos modelos de confiança e reputação surgiu como uma solução inovadora para as redes de sensores sem fios. A descrição centra-se no impacto de sensores maliciosos nos modelos de confiança e reputação BTRM-WSN, Eigen trust, peer trust, power trust e LFTM em redes de sensores sem fios. Além disso, o foco está na avaliação de uma estrutura de RSSF em relação a RSSF estáticas, dinâmicas, oscilatórias e uma combinação de RSSF dinâmicas e oscilatórias. Os aspectos de avaliação do desempenho dos modelos de confiança e reputação, como a exatidão, o comprimento do caminho e o consumo de energia, aumentam a fiabilidade

das redes de sensores sem fios. É necessário encontrar uma nova função de consumo de energia para o modelo de confiança e reputação, a fim de corresponder à estimativa atual. Esta função prolonga consideravelmente as investigações específicas das operações de rede, especialmente nas redes de sensores sem fios. Assim, na nossa opinião, uma gestão adequada da confiança e da reputação nas redes de sensores sem fios pode ser definitivamente útil para aumentar a segurança e a confiança dos utilizadores finais, apoiando desta forma um desenvolvimento próspero da sociedade da informação.

5. A descrição mostra o salto para além das capacidades da rede geral de sensores sem fios, concretizando plenamente a nossa arquitetura geral sob a forma de redes de sensores sem fios altamente densas. Sem as restrições impostas pelas capacidades das redes de sensores sem fios gerais disponíveis, a incorporação de protocolos de difusão de dados e de operações de nós sensores sobre as principais métricas de avaliação conferiu maior robustez ao sistema de redes de sensores sem fios. Estas incluem métricas cruciais como a contagem de sensores, a contagem de transmissões e a contagem de redundâncias de receção. A descrição mostra que o desempenho do protocolo de difusão de dados supera o dos protocolos de inundação em redes de sensores sem fios altamente densas.

6. Para além dos micro-benchmarks e da análise teórica, este livro também apresentou uma implementação integrada que combina protocolos de disseminação de dados e estratégias de distribuição de nós sensores sob um único teto, através de operações específicas de nós de deteção e transmissão. Esta descrição sublinha o impacto das estratégias apresentadas no desempenho. Além disso, as estratégias de distribuição de nós sensores apresentadas demonstram a flexibilidade e validam a plataforma. O desempenho dos protocolos de encaminhamento altera-se em função das diferentes distribuições da rede de sensores e dos eventos presentes no cenário.

7. Uma nova representação para a distribuição qui-quadrado sobre o protocolo de disseminação de dados correlacionados subjacente. Inclui um resumo dos esforços de investigação que foram colocados no topo do sistema para avaliar o impacto do DOF

no que respeita à escalabilidade das redes de sensores sem fios. A descrição mostra que, quanto menor for o número de DOF, maior será o comportamento do nó no funcionamento do sistema de rede de sensores sem fios. Foi acrescentada uma descrição exaustiva da estratégia de distribuição do qui-quadrado com o protocolo de encaminhamento de disseminação de dados. O impacto do DOF na estratégia de distribuição de nós ao quadrado afecta o desempenho da rede de sensores sem fios.

6.2 Recomendações para trabalhos futuros

Os seguintes pontos podem ser considerados para as futuras recomendações baseadas nos aspectos mencionados.

1. O nosso trabalho futuro incidirá sobre a utilização de métodos heurísticos para a seleção de protocolos de encaminhamento para um determinado sistema de RSSF. Além disso, o foco pode ser em três aspectos principais: melhoria, reestruturação e extensão das experiências realizadas para demonstrar a precisão do cenário proposto.

2. Adicionar uma nova distribuição à nossa avaliação e trabalhar no sentido de desenvolver uma distribuição óptima para o domínio das redes de sensores sem fios pode ser uma opção interessante. Além disso, acrescentar e desenvolver uma nova estratégia de distribuição de nós sensores no domínio das redes de sensores sem fios pode funcionar como uma ideia inovadora...

3. No que diz respeito à extensão deste trabalho, o foco estará em dois cenários concretos e reais onde se pode aplicar e implementar um mecanismo de confiança e reputação, mostrando desta forma a utilidade destas abordagens para os utilizadores finais. Para além disso, a incorporação das vantagens da lógica difusa e da representação de conjuntos difusos, a fim de fornecer um modelo de confiança mais sensível ao ser humano, preservando ao mesmo tempo a precisão das nossas soluções já desenvolvidas, pode acrescentar a idade de peso a todo o sistema.

4. O planeamento pode centrar-se no desenvolvimento de um novo simulador de modelos de confiança e reputação que combine os protocolos de encaminhamento e os aspectos de segurança numa única plataforma integrada. Isto conduzirá a um objetivo

no sentido de fornecer uma das ferramentas de referência nesta área de conhecimento.

5. Por último, a aplicação em tempo real pode tirar partido dos cenários de gestão da confiança e da reputação para melhorar a fiabilidade. De facto, há muito poucos trabalhos realizados neste sentido, pelo que constitui um excelente ponto de partida para uma nova linha de investigação.

Assim, o trabalho descrito neste livro pode ser útil para obter um melhor conhecimento sobre as redes de sensores sem fios, com um levantamento contínuo e exaustivo do estado da arte. A eficácia das condições do terreno, a escalabilidade, os protocolos de encaminhamento, os modelos de energia e o consumo de recursos foram demonstrados com a incorporação de modelos de confiança e reputação neste sentido.

REFERÊNCIAS

Abramowitz, Milton. Stegun, Irene A. 1965. Handbook of mathematical functions with formulas, graphs, and mathematical tables, New York: Dover Books on Mathematics, p. 940.

Acampora, G., Gaeta, M., Loia, V., & Vasilakos, A. V. (2010). Serviços fuzzy interoperáveis e adaptativos para aplicações de inteligência ambiente. ACM Transactions on Autonomous and Adaptive Systems (TAAS), 5(2), 8.

Akyildiz, I.F. Su, Sankarasubramaniam, W. Cayirci, Y. E. 2002. A survey on sensor networks, IEEE Communication Magazine. 40(8) : 102-114.

Alazzawi, L. Elkateeb, A. 2008. Avaliação do desempenho da escalabilidade dos protocolos de roteamento de RSSFs. Revista Computer System, Networks and Communications, Hindawi Publishing Corporation. 2008: 1-9.

Alberts, D. S., Garstka, J. J., Stein, F. P. 1999. Network centric warfare, developing and leveraging information superiority, command and control research program (CCRP) publication (DoD). 2nd edition (Revised).

Attar, A.Tang, H., Vasilakos, A. V., Richard Yu, F., & Leung, V.C. M. (2012). A Survey of Security Challenges in Cognitive Radio Networks: Solutions and Future Research Diretions. Proceedings of the IEEE, 100(12), 3172-3186.

Baharloo, M., Hajisheykhi, R., Arjomand, M., & Jahangir, A. H. (2009). Uma avaliação analítica do desempenho das RSSF utilizando o protocolo Bellman Ford sem laços. Conferência internacional sobre redes e aplicações de informação avançada. AINA '09, 26-29 de maio, Bradford, pp. 568-571.

Bai, Rendong. Singhal, Mukesh. 2006. DOA: DSR over AODV routing for mobile ad hoc networks, IEEE Transactions on Mobile Computing, 5(10): 1406-1416.

Bellman, Richard. 1958. Sobre um problema de encaminhamento. Quarterly of Applied Mathematics 16, 8790.

Distribuição beta. Disponível em:

< http://www.en.wikipedia.org/wiki/Beta_distribution>.

Berger, Levy, T. Jie Xing, W.B. 2011.Energy efficient neurons with generalized inverse Gaussian interspike interval durations. 49th Conferência Anual de Allerton sobre comunicação, controlo e computação, Allerton, 28-30 de setembro. pp.1737-1742.

Biyari, K. H. Lindsey, W. C. 1993. Distribuições estatísticas de formas quadráticas Hermitianas em variáveis Gaussianas complexas. IEEE Transactions on Information Theory. 39(3):1076-1082.

Blumenson, L. E. Miller, K. S. 1963. Propriedades das distribuições de Rayleigh generalizadas. The Annals of Mathematical Statistics. 34(3): 903-910.

Birman, K. 2007.The promise, and limitations, of gossip protocols. ACM SIGOPS Operating Systems Review - Gossip-based computer networking, Vol. 41, No. 5, pp. 8-13.

Bondi, A. B. 2000. Caraterísticas da escalabilidade e seu impacto no desempenho, WOSP'00. Actas do 2º Workshop Internacional sobre Software e Desempenho, Nova Iorque, EUA, pp. 195-203.

Boyd, S. Ghosh, A. Prabhakar, B. e D. Shah. 2006. Randomized gossip algorithms. IEEE Transaction on Information Theory. 52(6): 2508-2530.

Cacoullos, T. Koutras, M. 1984. Formas quadráticas em variáveis aleatórias esféricas: Distribuição $\chi 2$ não-central generalizada. Naval Research Logistic Quarterly - Uma revista dedicada aos Avanços em Operações e Investigação Logística, 31(2): 447461.

Carrillo, RafaelE. Aysal, TuncerC e KennethE Barner. 2010. Uma estrutura de distribuição de Cauchy generalizada para problemas que exigem comportamento robusto. EURASIP Journal on Advances in Signal Processing. 2010 (312989): 1-19.

Exemplos de Cauchy. Disponível em:

< http: *//www2. imperial. ac. uk/~dasO1/MyWeb/... ./Work edExample-Cauchy.pdf*>.

Distribuição de Cauchy. Disponível em: <

http://en.wikipedia.org/wiki/Cauchy_distribution>.

Chakeres, I. e C. Perkins. Encaminhamento dinâmico de MANET a pedido (DYMO). 2007.

Projeto da Internet (Trabalho em curso), draft-ietfmanet-dymo-10.txt.

Chakeres, I. e C. Perkins. 2010. Encaminhamento dinâmico de MANET a pedido (DYMO). Projeto de Internet da IETF, V.19.

Chalak, A. Sivaraman, V. Aydin, N. e D. Turgut. 2006. Um estudo comparativo de protocolos de encaminhamento em redes de sensores sem fios. Actas da décima terceira conferência internacional do IEEE sobre telecomunicações (ICT).

Chakeres, I.D. e E.M. Belding-Royer, 2003. Seleção de caminhos com enviesamento de recursos em redes móveis heterogéneas. Univ. da Califórnia, Santa Barbara, Comp. Sci. Dept. Tech. Relatório 2003-18.

Chearon, Z. Al-Khateeb, W. Anwar, F. 2010. Uma melhoria do protocolo de encaminhamento AODV para uma rede de sensores sem fios mais robusta. Jornal Internacional de Segurança Informática e de Redes (IJCNS). 2(7): 18-26.

Chee-Yee, C. Srikanta Kumar, P. 2003. Redes de sensores: evolução, oportunidades e desafios. Procedimentos do IEEE. 91(8): 1247-1256.

Chen, H. Wu, H. Zhou, X. e C. Gao, Reputation based trust in wireless sensor networks. Conferência Internacional sobre Engenharia Multimédia e Ubíqua (MUE'07), 0-7695-2777-9/07.2007.

Chen, S. Zhang, Y. Yang, G. 2011. Modelo de confiança baseado na estimativa de parâmetros para redes peer to peer não estruturadas. IET Communication & the Institution of Engineering and Technology. 5(7): 922-928.

Cheng, C. *et al.* 1989. Um Bellman-Ford estendido sem laços e sem efeito de salto. Actas do Simpósio sobre Arquitecturas e Protocolos de Comunicações. pp. 224226.

Distribuição Qui-Quadrado. Disponível em:

<http://www.en.wikipedia.org wiki Chi-squared _distribution>.

Christopher, L. Barrett, Stephan, J. Eidenbenz, Lukas Kroc, Madhav Marathe, James, P. Smith. 2003. Parametric probabilistic sensor network routing. Actas da 2nd Conferência internacional da ACM sobre redes e aplicações de sensores sem fios, WSNA '03. San Diego, Califórnia, EUA, pp. 122-131.

Crossbow Technology, Inc. 1995. Disponível em:

<http//www. xbow.com/>.

C. Busch, R. Kannan, e Athanasios V. Vasilakos . 2012. Aproximação do congestionamento+ dilatação em redes através da qualidade dos jogos de encaminhamento. IEEE Transactions on Computers. 61(9): 1270-1283.

Dargie, Waltenegus, *et al.* 2009. Um protocolo de controlo de topologia para redes de sensores sem fios distribuídas em 2D Poisson. Conferência Internacional do IEEE sobre Workshops de Redes e Aplicações de Informação Avançada, WAINA'09. Bradford, 2629 de maio, pp. 582 - 587.

David B. Johnson. 1994. Routing in ad hoc networks of mobile hosts (Roteamento em redes ad hoc de hosts móveis). Procedimentos do workshop do IEEE sobre sistemas e aplicações de computação móvel, IEEE Computer Society, Santa Cruz, CA, pp. 158-163.

David B. Johnson e David A. Maltz. 1996. Dynamic source routing in ad hoc wireless network. Em Mobile Computing, editado por Tomasz Imielinski e Hank Korth, Capítulo 5, Kluwer Academic Publisher, pp.153-181.

David E. Culler, Jason Hill, Philip Buonadonna, Robert Szewczyk e Alec Woo, 2001. A network-centric approach to embedded software for tiny devices privacy (Uma abordagem centrada na rede para software incorporado para privacidade de dispositivos minúsculos). EMSOFT First International Workshop on Embedded Software, pp. 114-130.

Projectos Davidson. Disponível em:

<http://webphysics.davidson.edu/Projects/AnAntonelli /node5.html.>.

Demers, A. Greene, D. Hauser, Irish, C. Larson, Shenker, W. J. S. Sturgis, H. Swinehart, D. e D. Terry.1987. Algoritmos epidémicos para a manutenção de bases de dados replicadas.

Proceeding of Sixth Annual ACM Symposium on Principles of Distributed Computing, PODC '87, Nova Iorque, NY, EUA, pp. 1-12.

Denantes, P. Bénézit, F. Thiran, P. e M. Vetterli. 2008. Que algoritmo de cálculo da média distribuída devo escolher para a minha rede de sensores? IEEE 27th Conferência sobre Comunicações por Computador, INFOCOM 2008. Phoenix, AZ. 13-18 de abril, pp. 986994.

Dharmawansa, P. Rajatheva, N. Tellambura, C. 2009. Nova representação de séries para a distribuição trivariada não-central Chi-Squared. IEEE Transactions on Communications. 57(3): 665-675.

Dharmawansa, K. D. P. Rajatheva, R. M. A. P. Tellambura, C. 2007. Representações de séries infinitas das distribuições trivariadas e quadrivariadas de Nakagamim. IEEE Transactions on Wireless Communications. 6(12): 4320-4328.

Douceur, J. 2002. O ataque Sybil. Actas do Primeiro Workshop Internacional sobre Sistemas Ponto a Ponto IPTPS '01, pp. 251-260.

Elson, J. Girod, L. e D. Estrin. 2002. Fine-grained network time synchronization using reference broadcasts. OSDI '02: Proceedings of the 5th symposium on Operating systems design and implementation, Volume 36, Issue SI, pp. 147-163.

Eugster, P. Th. Guerraoui, Handurukande,R.S.B. Kermarrec, A.M. Kouznetsov.P. 2001. Lightweight probabilistic broadcast. Actas da Conferência Internacional de 2001 sobre Sistemas e Redes Confiáveis (DSN'01), IEEE Computer Society Washington, DC, EUA, pp. 443-452.

Distribuição exponencial. Disponível em:

<http://www.en.wikipedia.org/ wiki/Exponential _distribution>.

Fadlullah, Z. M., Taleb, T., Vasilakos, A. V., Guizani, M., & Kato, N. (2010). DTRAB:

Combate a ataques a protocolos encriptados através da análise das caraterísticas do tráfego. IEEE/ACM Trans. Netw., 18(4), 1234-1247.

Feeney, L.M Nilsson, M. 2002. Investigação do consumo de energia de uma interface de rede sem fios num ambiente de rede ad hoc. Actas do

INFOCOM01 Twentieth Annual Joint Conference of the IEEE Computer and Communication Societies, Anchorage, AK, 22-26 de abril, Vol. 3, pp. 1548-1557.

Fernandez, A. Gramoli, Jimenez,V. E. Kermarrec, A.M. e M. Raynal. 2007. Fatiamento distribuído em sistemas dinâmicos. Proc. ICDCS '07: 27ª Conferência Internacional sobre Sistemas de Computação Distribuída, Los Alamitos, CA, EUA, 25-27 de junho. pp. 66.

Folks, J.L. Chhikara, R.S. 1978.The inverse Gaussian distribution and its statistical application - a review. Journal of the Royal Statistical Society of Great Britain. 40: 263-289.

Ford, L. R., Jr. Fulkerson, D. R. 1962. Flows in networks. Princeton University Press, New Jersy, EUA.

Foschini, G. J. e Gans M. 1998. Sobre o limite da comunicação sem fios num ambiente de desvanecimento quando se utilizam várias antenas. Wireless Personal Communications. 6: 311-335.

Distribuição gama. Disponível em:

<http://www.en.wikipedia.org/wiki/Gamma_ distribution>.

Ganeriwal, S. Kumar, R. e M. B. Srivastava. 2003. Timing-sync protocol for sensor networks (Protocolo de sincronização de tempo para redes de sensores). SenSys '03: Proceedings of the 1st International conference on embedded networked sensor systems. pp. 138-149.

Ghaleb, Zeyad. Al-Mekhlafi e Rosilah Hassan, 2011. Estudo de avaliação do protocolo de informação de encaminhamento e do encaminhamento dinâmico de fontes em redes ad hoc. IEEE 7th International Conference on IT in Asia (CITA). Kuching, Sarawak,

12-13 de julho. pp. 1-4.

Girao, J. Sarma, A. Aguiar, R. 2006. Identidades virtuais - Uma abordagem transversal à identidade e à gestão da identidade. Actas do 17th fórum mundial de investigação sem fios, Heidelberg, Alemanha.

Gore, D. A. Heath, R. W. Paulraj, A. J. 2002. Seleção de transmissão em sistemas de multiplexagem espacial. IEEE Communication Letters. 6(11): 491-493.

Gullberg, J.1997. A matemática desde o nascimento dos números. W.W. Norton & Company. Nova Iorque, EUA. pp. 963-965.

Haas, Z. Joseph,Y. Halpern, Li. Li. 2002.Gossip-based ad hoc routing. Actas da Vigésima Primeira Conferência Anual Conjunta das Sociedades de Computadores e Comunicações do IEEE. INFOCOM 2002, Vol. 3, pp. 1707-1716.

Hadjilal, M. Feham, M. 2011. Um estudo comparativo da escalabilidade dos protocolos de roteamento de redes de sensores sem fio. Revista Internacional de Sistemas Paralelos Distribuídos. 2(4): 26-33.

Haight, F.A.1967. Handbook of the Poisson distribution. John Wiley & Sons. New York.

Han, K., Luo, J., Liu, Y., & Vasilakos, A. V. (2013). Projeto de algoritmo para comunicação de dados em redes de sensores sem fio com ciclo de trabalho: A survey. IEEE Communications Magazine, 51(7), 107-113.

He, D., Chen, C., Chan, S., Jiajun, B., & Vasilakos, A. V. (2012). ReTrust: AttackResistant and Lightweight Trust Management for Medical Sensor Networks (Gerenciamento de confiança leve e resistente a ataques para redes de sensores médicos). IEEE Transactions on Information Technology in Biomedicine, 16(4), 623-632.

Hecht, E. 1987. Optics ,2nd edition. Addison-Wesley. p 603.

Hedrick, C.L.1988. RFC1058: Protocolo de informação de encaminhamento. RFC Editor, Estados Unidos.

Heinzelman, R.W. Kulik,J. Balakrishnan, H. 1999. Protocolos adaptáveis para disseminação de informações em redes de sensores sem fio. Actas da Quinta Conferência Internacional Anual ACM/IEEE sobre Computação Móvel e Redes (MobiCom '99), Seattle, Washington. pp. 174-185.

Heinzelman, R. W. Chandrakasan, A. e H. Balakrishnan, 2000. Protocolo de comunicação eficiente em termos energéticos para redes de micro-sensores sem fios. Procedimentos da 33th Conferência Internacional do Havai sobre Ciências de Sistemas, Maui, HI, EUA. pp. 110.

Hurt, J. Lee, Y. Yoont, H. Choi, D. e S. Jin. 2005. Modelo de avaliação da confiança para redes de sensores sem fios. Actas da 7ª Conferência Internacional sobre Tecnologia de Comunicação Avançada (ICACT '05), República da Coreia, pp. 491-496.

Jafarkhani, H. 2005. Space-time coding. Cambridge University Press.

Jensen, D. R. 1970. A distribuição conjunta de traços de matrizes Wishart e algumas aplicações. The Annal of Mathematical Statistics. 41(1): 133-145.

Jensen, D. 2002. SIVAM: Comunicação, navegação e vigilância para a Amazónia, Avionics Magazine.

Jing, Q. Tang, L. Y. e Z. Chen, 2008. Gestão da confiança em redes de sensores sem fios. Journal of Software, 19 (7), pp. 1716-1730.

Johnson, N. L. e Kotz, S. 1970. Distributions in statistics: continuous univariate distributions. Wiley, Nova Iorque, pp. 137-145.

Johnson, N. L. Kotz, S. Balakrishnan, N. 1994. Distribuições univariadas contínuas,. Volume 1, 2ª Edição, Wiley. Nova Iorque. p 199.

Josh Broch, David A. Maltz e Dacid B. Johnson. 1999. Hierarquia de suporte e interfaces heterogéneas em redes ad hoc sem fios multi-hop. In proceedings of the International Symposium on Parallel architectures, Algorithms and Networks (ISPAN'99), Workshop on mobile computing, IEEE Computer Society, Perth, Western Australia, pp. 370-375.

Junbeom Hur, Younho Lee, SeongMin Hong, Hyunsoo Yoon. 2005. Redes de sensores sem fios de agregação segura baseadas na confiança. Actas da 3ª Conferência Internacional sobre Tecnologias de Computação, Comunicações e Controlo, Vol. 3, pp. 1-6.

Kahn, J. M. Katz, R. H. e K. S. J. Pister, 1999. Mobile networking for Smart Dust. Proc. Conferência Internacional ACM/IEEE sobre Computação Móvel e Redes (MobiCom), Seattle, WA, pp. 271-278.

Kamvar, S. Schlosser, M. Garcia-Molina, H. 2003.The Eigen trust algorithm for reputation management in P2P networks. Actas da 12ª conferência internacional sobre a World Wide Web WWW '03, Budapeste, Hungria, pp. 640-651.

Kempe, D. Dobra, A. e J. Gehrke. 2003. Gossip-based computation of aggregate information. Actas do 44º Simpósio Anual do IEEE sobre Fundamentos da Ciência da Computação, FOCS '03, 11-14 de outubro. pp. 482 -491.

Kostoulas, D. Psaltoulis, D. Gupta, Birman, I. K. e A. Demers. 2005. Esquemas descentralizados para estimativa de tamanho em grupos grandes e dinâmicos. Proc. NCA '05: Fourth IEEE International Symposium on Network Computing and applications, Cambridge, MA, 27-29 de julho, pp. 41-48.

Koutras, M. 1986. Sobre a distribuição generalizada não-central do qui-quadrado induzida pela lei gama elíptica. BIOMETRIKA, Oxford journals. 73(2): 528-532.

Krishnaiah, P. R. Hagis, P. Steinberg, L. 1963. A note on the Bivariate chi-distribution. SIAM Rev. 5(2): 140-144.

Kulkarni, S. S. e M. Arumugam. 2006. Infuse: Um protocolo de disseminação de dados baseado em TDMA para redes de sensores. International Journal of Distributed Sensor Networks, 2(1): 55-78.

Lee, Chul-Ho, e Do Young Eun. 2012. Rumo a uma estratégia de movimento distribuída óptima para a recolha de dados em redes de sensores sem fios. 9th Conferência Anual da Sociedade de Comunicações do IEEE sobre Comunicações e Redes de Sensores, Malha e Ad Hoc (SECON). Seul, 18-21 de junho, pp. 551 - 559.

Lee, L.C. Nwana, H.S. Ndumu D.T. De Wilde, P. 1998. The stability, scalability and performance of multi-agent systems, BT Technology Journal 16 (3): 94-103.

Lee, S.J. Belding-Royer, E.M. e C.E. Perkins. 2003. Scalability study of the ad hoc on-demand distance vetor routing protocol. International Journal of Network Management, 13(2): p. 97-114.

Levien, R. 2000. Advogato's trust metric, White Paper.

Levis, P. Patel, Culler, N. D. e S. Shenker. 2004. Trickle: Um algoritmo autorregulador para propagação e manutenção de código em redes de sensores sem fios. Actas da conferência sobre o Simpósio de Conceção e Implementação de Sistemas em Rede - Vol. 1, pp. 15-28.

Li, L. Halpern, J. Y. 2001. Energia mínima, redes móveis sem fios revisitadas. Conferência Internacional do IEEE sobre Comunicações, ICC 2001, Helsínquia, 11-14 de junho, Vol.1, pp. 278-283.

Li, F. Wang, Y. 2007.Routing in vehicular ad hoc networks: a survey. Revista IEEE Vehicular Technology, 2(2): 12-22.

Li, P., Guo, S., Yu, S., & Vasilakos, A. V. (2014). Multicast confiável com codificação de rede pipelined usando alimentação oportunista e roteamento. IEEE Transactions on Parallel and Distributed Systems, 25(12), 3264-3273.

Liu, Ke, e Akbar M. Sayeed. 2004. Estratégias óptimas de deteção distribuída para redes de sensores sem fios. Actas de42nd Conferência Anual de Allerton sobre

Comunicações, Controlo e Computação, Monticello, IL.

Liu, L., Song, Y., Zhang, H., Ma, H., & Vasilakos, A. V. (2015). Otimização de Physarum: Um algoritmo inspirado na biologia para o problema da árvore de Steiner em redes. IEEE Transactions on Computers, 64(3), 819-832.

Lukachan, G. Labrador, M.A. Moreno, W. 2006. Encaminhamento escalável e energeticamente eficiente para redes de sensores sem fios em grande escala. Actas da

6th Conferência Internacional das Caraíbas sobre Dispositivos, Circuitos e Sistemas, México. 26-28 de abril, pp. 267-272.

Luo, Z. 2013. Estimação de parâmetros em redes de sensores sem fio com ganhos de sensores normalmente distribuídos. Jornal Internacional de Computação e Engenharia Suave (IJSCE). 2(6): 46-48.

L Xiang,J. Luo e Athanasios Vasilakos. 2011. Compressed data aggregation for energy efficient wireless sensor networks (Agregação de dados comprimidos para redes de sensores sem fios energeticamente eficientes). Conferência da Sociedade de Comunicações do IEEE sobre Redes e Comunicações de Sensores, Malha e Ad Hoc (SECON). Salt Lake City, UT. pp. 46-54.

Malkin, G. 1997. Riping para o protocolo Internet versão 6 (IPv6). RFC 2080.

Malkin, G.1998. RFC2453: RIP Versão 2. Editor RFC Estados Unidos.

Marchini Lecture Notes. Disponível em: *<www.stats.ox.ac.uk/~marchini/teaching/L5/L5. notas.pdf>.*

Marmol, G. F. Martfnez Perez, G. 2008. Proporcionando confiança em redes de sensores sem fio usando uma técnica bio-inspirada. Actas da conferência de investigação sobre redes e comércio eletrónico, NAEC'08. Lago de Garda, Itália.

Marmol, F.G. Gregorio Martinez Perez, Antonio F. Gomez Skarmeta. 2009. TACS - um modelo de confiança para redes P2P. Springer Wireless Personal Communications. 51(1): 153-164.

Marmol, G.F. Perez. G.M. 2009. TRMSim-WSN 0.5, simulador de modelos de confiança e reputação para redes de sensores sem fios. Conferência Internacional de Comunicações do IEEE (IEEE ICC 2009), Simpósio de Segurança de Sistemas de Comunicação e Informação, Dresden, Alemanha.

Marmol, G. F. Gregorio Martinez Perez, 2010. TACS, um sistema de colónia de formigas de confiança.

Marmol, F.G. Javier, G. Blazquez, M. Perez, G.M. 2010. **Linguistic fuzzy logic**

enhancement of a trust mechanism for distributed networks.10th Conferência Internacional do IEEE sobre Computadores e Tecnologias da Informação, IEEE Computer Society, Washington, DC, EUA, pp. 838-845.

Marmol, G.F. Perez.G.M.2011. Proporcionando confiança em redes de sensores sem fio usando uma técnica inspirada em bio , Telecommunication Systems Journal, 46(2): 163-180.

Marmol, G.F. Perez. G.M. 2012. TRIP, uma proposta baseada em infraestrutura de confiança e reputação para redes ad hoc veiculares. Journal of Network and Computer Applications. 35(3): 934-941.

Maroti, M. Kusy, B. Simon, G. e A. Ledeczi. 2004. O protocolo de sincronização de tempo de inundação. Actas da 2ª conferência internacional sobre sistemas de sensores incorporados em rede, SenSys '04. pp. 39-49.

Marsh, S. P. 1994. Formalização da confiança como um conceito computacional. Tese de doutoramento. Universidade de Stirling.

Marti, S. Garcia-Molina, H. 2006. Taxonomia da confiança: categorização dos sistemas de reputação P2P. Computer Networks, 50(4): pp. 472-484.

Memsic, Inc. 2000. Disponível em: <http://www.memsic.com/>

Miller, K.S. 1964. Distribuições Gaussianas Multidimensionais. The SIAM series in applied mathematics. John Wiley & Sons, Nova Iorque, EUA.

Mohammad Baharloo, Reza Hajisheykhi, Mohammad Arjomand, Amir Hossein Jahangir, 2009.An analytical performance evaluation for wsns using loop free Bellman-Ford protocol. Conferência Internacional sobre Redes e Aplicações de Informação Avançada. Bradford, 26-29 de maio, pp. 568-571.

Momani, Mohammad, e Subhash Challa. 2010. Pesquisa de modelos de confiança em diferentes domínios de rede. International Journal of Ad Hoc, sensor & Ubiquitous Computing. 1(3): 1-19.

Momani, Mohammad, e Subhash Challa. 2009. Modelação probabilística e estimativa bayesiana recursiva da confiança em redes de sensores sem fios. Bayesian Networks, Sciyo Publisher, Croácia, Europa, pp. 381-403.

Moore, Edward, F. 1959. O caminho mais curto através de um labirinto. Procedimentos do Simpósio Internacional. Simpósio sobre Teoria da Comutação 1957, Parte II. Harvard University Press. Cambridge, Massachusetts. pp. 285-292.

Mo Li, Zhenjiang Li, Athanasios V. Vasilakos. 2013. Uma pesquisa sobre controlo de topologia em redes de sensores sem fios: taxonomia, estudo comparativo e questões em aberto. Proceedings of the IEEE, Vol.101, No.12, pp 2538-2557.

M. Youssef, M. Ibrahim, M. Abdelatif, Lin Chen, A.V. Vasilakos. 2014. Métricas de roteamento de redes de rádio cognitivas: um levantamento. IEEE Communications Surveys and Tutorials 16(1): 92-109.

Instituto Nacional de Normas e Tecnologia (NIST), EUA. 2006. Engineering statistics handbook - Chi-Squared Distribution.

Ni, S.Y. Tseng, Y.C. Chen, Y.S. e J.P. Sheu. 1999. O problema da tempestade de difusão numa rede ad hoc móvel. Actas da 5th conferência internacional anual ACM/IEEE sobre Mobile Computing and Networking, MobiCom '99. pp. 151-162.

Distribuição normal. Disponível em:

<http://www.en.wikipedia.org/wiki/Normal_distribution>.

N. Chilamkurti, S. Zeadally, A. Vasilakos e V. Sharma. 2009. Cross layer support for energy efficient routing in wireless sensor networks (Suporte de camadas cruzadas para encaminhamento eficiente em termos de energia em redes de sensores sem fios). Journal of Sensors. Hindawi Publishing Corporation, 2009 (134165): 1-9.

Park, Sung Y. Bera, Anil K. 2009. Maximum entropy autoregressive conditional heteroskedasticity model. Journal of Econometrics, Elsevier. 150(2): 219-230.

Pathak, A. Lobiyal, D. K. 2012.Maximização do tempo de vida de redes de sensores sem fio minimizando o problema do buraco de energia com distribuição exponencial de nós e roteamento híbrido. Conferência de estudantes do IEEE sobre engenharia e sistemas (SCES). Allahbad, Índia. 16-18 Mar, pp. 1-5.

Pathak, Aruna, et al. 2012.Improvement of lifetime of wireless sensor network by jointly effort of exponential node distribution and mixed routing. Conferência Internacional do IEEE sobre Sistemas de Comunicação e Tecnologias de Rede (CSNT). Rajkot, 11-13 de maio, pp. 316-319.

Patnaik, P.B. 1949. As distribuições não-centrais $\chi 2$ e F e suas aplicações. BIOMETRIKA, Oxford Journals. 36 (1): 202-232.

Phipatanasuphorn, V. Ramanathan, P. 2004. Vulnerabilidade das redes de sensores a travessia e monitorização não autorizadas. IEEE Transactions on Computers. 53(3): 364-369.

Distribuição de Poisson. Disponível em: <http://en.wikipedia.org/ wiki/Poisson_ distribuição>.

Pedram, M. e Q. Wu. 2002. Design considerations for battery powered electronics. IEEE Trans. on VLSI Systems, 10(5): 601-607.

Peng, Z., Tian Wang, Md., Zakirul, A. B., Xiaoqiang, W., & Wang, G. (2015). Rastreamento de alvo móvel baseado em previsão de área local em redes de sensores sem fio. IEEE Trans. Computers, 64(7), 1968-1982.

Perkins, C. E. e E. M. Royer. 1994. Ad hoc on-demand distance vetor routing. Actas do 2nd IEEE Workshop. Mobile Comp. Sys. and Apps., Nova Orleães, LA, pp. 90-100.

Perkins, C. E. Belding-Royer, E. M. e S.R. Das. 2003. Roteamento ad hoc on-demand distance vetor (AODV). IETF RFC 3561.

P. Li, S. Guo, S. Yu, Vasilakos, A.V. 2012. CodePipe: Um protocolo oportunista de alimentação e encaminhamento para multicast fiável com codificação de rede em pipeline.

INFOCOM, Proceedings IEEE, Orlando, FL, 25-30 de março, pp. 100-108.

Biblioteca de modelos do QualNet 4.5.1 Wireless, 2008. Disponível em: <http://www.cs.ucsb.edu/~ebelding/courses/284/qualnet/QualNet-4.5.1-Wireless-

Modelibrary.pdf>.

Raghuvanshi, A.S. Tiwari, S. 2010. DYMO como protocolo de roteamento para redes de sensores sem fio habilitadas para IEEE-802.15.4. IEEE Sixth International Conference on Wireless Communication and sensor Networks (WCSN). Allahabad, Índia, 15-19 de dezembro, pp. 1-6.

Rakhmatov, D. Vrudhula, S. e D. Wallach.2003. Um modelo para análise do tempo de vida da bateria para organizar aplicações num computador de bolso. IEEE Transactions on Very Large Integration (VLSI) Systems, 11(6): 1019-1030.

Robert Keyes, W. 2006. O impacto da Lei de Moore. Boletim de Circuitos de Estado Sólido, IEEE. Vol.20, pp. 25-27.

Romer, K. Mattern, F. 2004.The design space of wireless sensor networks. IEEE Wireless Communications, 11(6): pp.54-61.

Sanders, M.A. 2009. Função caraterística da distribuição central do qui-quadrado. Disponível em : <http://www.planetmathematics.com/CentralChiDistr.pdf>.

Sarwate, A.D. Alexandros, G. Dimakis. 2012. Impacto da Mobilidade nos Algoritmos de Fofoca. IEEE Transactions on information theory. 58(3): 1731-42.

Tecnologias de rede escaláveis. Pacote de Software do Simulador Qualnet. 2003, Disponível em: <http://www.scalable-networks.com>

Shanti, C. Sahoo, A. 2011. TREEFP: um protocolo de inundação fiável e energeticamente eficiente baseado em TDMA para WSNS. Simpósio Internacional do IEEE sobre um mundo de redes sem fios, móveis e multimédia (WoWMoM). Lucca, pp. 1-7.

Sklyarenko, G. 2006. Protocolo de encaminhamento AODV. Seminário em Technische Informatik, Universidade Livre, Berlim, Alemanha.

Simon, M. K. Alouini, M.S. 2001. Sobre a diferença de duas variantes qui-quadradas com aplicação ao cálculo da probabilidade de interrupção. IEEE Transactions on Communications. 49(11): 1946-1954.

Simon, M. K. Alouini, M.S. 2005. Digital Communication over Fading Channels. John Wiley & Sons, Inc. EUA.

Singh, S.; Verma, Vinod Kumar ; Pathak, N.P. Sensors Augmentation Influence over Trust and Reputation Models Realization for Dense Wireless Sensor Networks, Publicado no Sensors Journal, IEEE, Ano: 2015, Volume: 15, Edição: 11, Páginas: 6248 - 6254, DOI: 10.1109/JSEN.2015. 2448642. Fator de Impacto: 1.762, Journal Citation Reports®, Thomson Reuters. (SCI Indexed).

So-Tsung Chou, Hann-Tzong Vhern, Cheng-Mu Shiao e Zne Jung Lee.2013.Cross-layer design of AODV protocol for multi-hop flow in ad- hoc network. Ad hoc & sensor Wireless Networks Journal, Old City Publishing, Inc. EUA, 17(3-4): 233252.

Song, Liang, e Dimitrios Hatzinakos. 2006. Cooperative transmission in Poisson distributed wireless sensor networks: protocol and outage probability. IEEE Transactions on Wireless Communications, 5(10): 2834-2843.

Song, Y., Liu, L., Ma, H., & Vasilakos, A. V. (2014). Um algoritmo baseado em biologia para o problema de exposição mínima de redes de sensores sem fio. IEEE Transactions on Network and Service Management, 11(3), 417-430.

Soyturk, M. Altilar, T. 2006. A novel stateless energy efficient routing algorithm for large scale wireless sensor networks with multiple sinks, IEEE Wireless and Microwave Technology Conference, WAMICON '06. Clearwater Beach, FL, 4-5 de dezembro. pp. 1-5.

Sundararajan, T.V.P. Shanmugam, A. 2010. Selfish avoidance routing protocol for mobile ad hoc Network. Jornal Internacional de Redes Móveis e Sem Fio (IJWMN). 2(2): 80-92.

Estatística | A distribuição de Poisson. 2007. Universidade de Pesquisa Umass Amherst.

Steven, G. Smith, John, R. Skalski, J. Warren Schlechte, Annette Hoffmann, Victor Cassen .1994. Análise estatística de sobrevivência de estudos de marcação de peixes e animais selvagens SURPH.1. Centro de Ciências Quantitativas Escola de Pescas da

Universidade de Washington.

Szewczyk, R. Polastre, J. Mainwaring, A. Culler, D. 2004. Lessons from a sensor network expedition, In Proceedings of First European Workshop on Sensor Networks (EWSN 2004), Berlim, Alemanha, pp. 307-322.

Takagi, K. Kumagai, S. Matsunagaf, I. Kusakaj, Y.1997. Aplicação da distribuição Gaussiana inversa a dados de exposição profissional. Annals of Occupational hygiene, Elsevier, British Occupational Hygiene Society 41(5): 505-514.

Tang, C. e C. Ward. 2005. Gocast: gossip-enhanced overlay multicast for fast and dependable group communication. Proc. DSN '05: Conferência Internacional de 2005 sobre Redes de Sistemas Confiáveis. Washington, DC, EUA, pp. 140-149.

Tiku, M. L. 1965. Formas de séries de Laguerre de distribuições não-centrais de $\chi 2$ e F. BIOMETRIKA, Oxford Journals. 52: 415-427,

Trigui, I. Laourine, A. Affes, S. e A. Stéphenne. 2012. A distribuição Gaussiana inversa em canais sem fio: estatísticas de segunda ordem e capacidade do canal. IEEE Transactions on Communications. 60(11):3167-3173.

Tubaishat, M. Madria, S. 2003.Sensor networks: an overview. IEEE Potentials. 22(2): 2023.

T. Spyropoulos, R.N. B. Rais, T. Turletti, K. Obraczka, A. Vasilakos. 2010. Routing for disruption tolerant networks: taxonomy and design. Wireless networks. 16(8): 2349-2370.

Universidade da Califórnia, Berkeley. 2003. Projeto TinyOS, programa DARPA NEST.

Universidade da Califórnia, Berkeley. 2003. A spec of Smart Dust.

Vasilakos, A. V., Li, Z., Simon, G., & You, W. (2015). Rede centrada na informação: Research challenges and opportunities.Journal of Network and Computer Applications, 52, 1-10.

Vinod Kumar Verma, Surinder Singh, N. P. Pathak. 2011. Efeito da temperatura no desempenho do protocolo de encaminhamento de fontes dinâmicas em redes de sensores sem fios. Processo da Conferência Nacional sobre Comunicações e Redes (NCCN- 11), SLIET, Longowal, 4-5 de fevereiro, pp. 80-82.

Vinod Kumar Verma, Surinder Singh, N. P. Pathak, 2012. Investigações de terreno do protocolo de encaminhamento AODV sobre restrições temporais em redes de sensores sem fios. Procedimentos da 11.ª Conferência Internacional da WSEAS sobre Eletrónica, Hardware, Comunicações Sem Fios e Ópticas (EHAC '12), Investigação Recente em Comunicações, Eletrónica, Processamento de Sinais e Controlo Automático, Cambridge, Reino Unido (UK), 22-24 Fev. pp. 74-77.

Vinod Kumar Verma, Surinder Singh, Pathak, N.P. 2014.Analysis of scalability for AODV routing protocol in wireless sensor networks, Elsevier Optik- International Journal for Light and Electron Optics. 125(2): 748-750.

Vinod Kumar Verma, Surinder Singh e N.P. Pathak. O que é a confiança e a reputação em redes de sensores sem fio estáticas, dinâmicas e oscilantes? Publicado em Wireless Networks: The Journal of Mobile Communication, Computation and Information. Primeira versão online: 21 de dezembro de 2015. © Springer Science + Business Media New York 2015. Fator de impacto: 0,973, Journal Citation Reports®, Thomson Reuters. (SCI Indexed).

Vinod Kumar Verma, Surinder Singh e N.P. Pathak. O que é a tecnologia de informação e comunicação? Publicado em Wireless Personal Communications: An International Journal © Springer Science + Business Media New York 2015. Fator de impacto: 0,979 (2013), Journal Citation Reports®, Thomson Reuters. (SCI Indexed).

Vinod Kumar Verma, Surinder Singh e N.P. Pathak. Optimized Battery Models Estimation for Static, Distance Vetor and On-Demand Based Routing Protocols over 802.11 Enabled Wireless Sensor Networks, publicado em Wireless Personal Communications: An International Journal, © Springer Science + Business Media New York 2014. Fator de Impacto: 0.979 2013), Journal Citation Reports®, Thomson Reuters. (SCI Indexed).

Vinod Kumar Verma, Surinder Singh e N.P. Pathak . O que é a tecnologia de informação e comunicação? Publicado em Wireless Networks: O Jornal de Comunicação Móvel, Computação e Informação. Volume 20, pp.2349-2357. © Springer Science + Business Media New York 2014. Fator de Impacto: 1.055, Journal Citation Reports®, Thomson Reuters. (SCI Indexed).

Vinod Kumar Verma, Surinder Singh e N.P. Pathak, Realização baseada em conluio de modelos de confiança e reputação em ambiente extremamente fraudulento em redes de sensores sem fio estáticas e dinâmicas. Publicado no International Journal of Distributed Sensor Networks, Volume 2014 (2014), Artigo ID 672968, pp. 1- 9. Hindawi Publishing Corporation. Fator de Impacto 0.923 Thomson Reuters (ISI). (SCI Indexed).

Vinod Kumar Verma, Surinder Singh e N.P. Pathak. Impact of Malicious Servers over Trust and Reputation Models in Wireless Sensor Networks, publicado no International Journal of Electronics, Taylor & Francis Publications. Fator de Impacto: 0.751 ©2014 Thomson Reuters, 2014 Journal Citation Reports. (SCI Indexado)

Vogels, W. Renesse, R.V.Birman, K. 2003.The Power of Epidemics: Comunicação robusta para sistemas distribuídos em grande escala. ACM SIGCOMM Computer Communication Review. Vol. 33, Iss.1, pp.131-135.

Wang, Xue. Ding, Liang. e Sheng Wang, 2011.Trust evaluation sensing for wireless sensor networks, IEEE Transactions On Instrumentation And Measurement. 60 (6) : 2088-2095.

Wang, Yunbo. Vuran, Mehmet C. Goddard, Steve. 2012. Análise entre camadas da distribuição do atraso de ponta a ponta em redes de sensores sem fios. IEEE/ACM Transactions on networking. 20(1): 305-318.

Wang, T., Liu, Y., & Vasilakos, A. V. (2015). Pesquisa sobre técnicas de estabelecimento de chaves baseadas em reciprocidade de canal para sistemas sem fio. Wireless Networks, 21(6), 18351846.

Wei, L., Zhu, H., Cao, Z., Dong, X., Jia, W., Chen, Y., & Vasilakos, A. V. (2014).

Segurança e privacidade para armazenamento e computação na computação em nuvem. Ciências da Informação, 258, 371-386.

Wei, L., Zhu, H., Cao, Z., Jia, W., & Vasilakos, A. V. (2010). SecCloud: Bridging Secure Storage and Computation in Cloud. ICDCS Workshops, 2010, 52-61.

Distribuição de Weibull. Disponível em:

< http://www.en.wikipedia.org/wiki/Weibull_ distribution>.

William Watts, 1965. Documentação genérica do mote, Engenharia Mecânica, UC, Berkeley.

Wuhib, F. Dam, M. R. Stadler e A. Clemm, 2009. Monitorização robusta de agregados em toda a rede através de fofocas. IEEE Transactions on network and service management, vol. 6, Issue 2, pp.195-109.

Wuhib, F. Dam, M. Stadler, R. 2011. Um protocolo de fofoca para detetar cruzamentos de limiares globais. IEEE Transactions on network and service management. 7(1): 42-56.

Xiao, Y., Peng, M., Gibson, J., Xie, G. G., Ding-Zhu, D., & Vasilakos, A. V. (2012). Limites de desempenho estreitos de acesso justo de vários saltos para protocolos MAC em redes de sensores sem fio e redes de sensores subaquáticos. IEEE Transactions on Mobile Computing, 11(10), 1538-1554.

Xiaofei Wang, Athanasios V. Vasilakos, Min Chen, Yunhao Liu, Ted Taekyoung Kwon. 2012. Um estudo sobre redes móveis ecológicas: oportunidades e desafios. MONET 17(1): 4-20.

Xiong, L. Liu, L. 2004. Peer trust: supporting reputation based trust for peer to peer electronic communities. IEEE Transactions on Knowledge and Data Engineering. 16(7): 843-857.

Y iong, N., Vasilakos, A. V., Yang, L. T., Song, L., Pan, Y., Kannan, R., & Li, Y. (2009). Análise comparativa da qualidade do serviço e da utilização de memória para detectores de falhas adaptativos em sistemas de cuidados de saúde. IEEE Journal on

Selected Areas in Communications, 27(4), 495-509.

Xu, N. Rangwala,S. Chintalapudi, K. Ganesan, D. Broad, A. Govindam, R. e D.Estrin, 2004. Uma rede de sensores sem fios para monitorização estrutural. Actas da Conferência da ACM sobre sistemas de sensores em rede incorporados, Nova Iorque, NY, EUA, pp. 13-24.

Y an, Z., Zhang, P., & Vasilakos, A. V. (2015). Uma estrutura de segurança e confiança para redes virtualizadas e redes definidas por software. Redes de segurança e comunicação,. doi:10.1002/sec.1243.

Yang Xiao, Miao Peng, John Gibson, Geoffrey G. Xie, Ding-Zhu Du e Athanasios V. Vasilakos. 2012. Limites de desempenho apertados de acesso justo multi-hop para protocolos MAC em redes de sensores sem fio e redes de sensores subaquáticos. IEEE Trans. Mob. Comput. 11(10): 1538-1554.

Y ang, H., Zhang, Y., Zhou, Y., Xiaoming, F., Liu, H., & Vasilakos, A. V. (2014). Protocolo de acordo de chaves autenticado por três partes comprovadamente seguro usando cartões inteligentes. Computer Networks,58, 29-38.

Y . Liu, N. Xiong, Y. Zhao, A.V. Vasilakos, J. Gao, Y. Jia. 2010. Algoritmo de encaminhamento de agrupamento multicamada para redes de sensores veiculares sem fios. Comunicações IET. 4 (7): 810-816.

Y S. Yen, Han-Chieh Chao, Ruay-Shiung Chang, Athanasios Vasilakos. 2011.

Encaminhamento multicast de QoS limitado por inundação e com restrições múltiplas baseado no algoritmo genético para MANETs. Mathematical and Computer Modeling, 53 (11): 2238-2250.

Y . Zeng, K. Xiang, Deshi Li, Athanasios V. Vasilakos. 2013. Roteamento direcional e programação para redes veiculares verdes tolerantes a atrasos. Redes sem fio 19 (2): 161-173.

Yin, X., Fang, B., Jin, S., Qiu, M., Vasilakos, A. V., & Xu, Y. (2015). Manter seguro o paradeiro de todos os utilizadores móveis0: Um protocolo de identificação por radiofrequência anti-rastreamento em 5G. Revista Internacional de Sistemas de Comunicação 1-13.

Zeng, Y. Hu, B. e H. Feng. 2007. Protocolo de sincronização de inundação por divisão de tempo para redes de sensores. MobiQuitous '07: Proceedings of the 2007 Fourth Annual International Conference on Mobile and Ubiquitous Systems: Networking & Services, Filadélfia, PA, 6-10 de agosto. pp. 1-8.

Zhang, X. M., Zhang, Y., Yan, F., & Vasilakos, A. V. (2015). Algoritmo de controle de topologia baseado em interferência para redes Ad hoc móveis com restrições de atraso. IEEE Transactions on Mobile Computing, 14(4), 742-754.

Zhong, Z. Jun-Hong, C. Amvrossios, B.T. 2008. Localização escalável com previsão de mobilidade para redes de sensores subaquáticos. Procedimentos da 27.ª Conferência do IEEE sobre Comunicações Informáticas, INFOCOM'08, Phoenix, AZ, 13-18 de abril, pp.211215.

Zhou, R. Power, Hwang K. 2007. Power Trust: um sistema de reputação robusto e escalável para computação peer to peer de confiança. IEEE Transactions on Parallel and Distributed Systems. 18: 460-473.

Zhu,T. Zhong, Z. Tian He , Zhi-Li Zhang. 2013. Alcançando inundações eficientes utilizando a correlação de links em redes de sensores sem fio. IEEE/ACM Transactions on Networking, 21(1): 121-134.

Printed by Books on Demand GmbH, Norderstedt / Germany